和谐校园文化建设读本

论高等教育

战红岩 李继红/编著

吉林教育出版社

图书在版编目(CIP)数据

论高等教育 / 战红岩，李继红编著. — 长春：吉林教育出版社，2012.6（2022.10重印）

（和谐校园文化建设读本）

ISBN 978-7-5383-8971-5

Ⅰ.①论… Ⅱ.①战… ②李… Ⅲ.①高等教育—研究 Ⅳ.①G64

中国版本图书馆 CIP 数据核字(2012)第 116079 号

论高等教育

LUN GAODENG JIAOYU

战红岩　李继红　编著

策划编辑　刘　军　　潘宏竹

责任编辑　张　瑜　　　　　　　　　　**装帧设计**　王洪义

出版　吉林教育出版社（长春市同志街 1991 号　邮编 130021）

发行　吉林教育出版社

印刷　北京一鑫印务有限责任公司

开本　710 毫米×1000 毫米　1/16　　**印张**　12.5　　**字数**　159 千字

版次　2012 年 6 月第 1 版　　**印次**　2022 年 10 月第 3 次印刷

书号　ISBN 978-7-5383-8971-5

定价　39.80 元

编　委　会

主　　编：王世斌

执行主编：王保华

编委会成员：尹英俊　尹曾花　付晓霞

　　　　　　刘　军　刘桂琴　刘　静

　　　　　　张　瑜　庞　博　姜　磊

　　　　　　潘宏竹

　　　　　　（按姓氏笔画排序）

总 序

千秋基业，教育为本；源浚流畅，本固枝荣。

什么是校园文化？所谓"文化"是人类所创造的精神财富的总和，如文学、艺术、教育、科学等。而"校园文化"是人类所创造的一切精神财富在校园中的集中体现。"和谐校园文化建设"，贵在和谐，重在建设。

建设和谐的校园文化，就是要改变僵化死板的教学模式，要引导学生走出教室，走进自然，了解社会，感悟人生，逐步读懂人生、自然、社会这三本大书。

深化教育改革，加快教育发展，构建和谐校园文化，"路漫漫其修远兮"，奋斗正未有穷期。和谐校园文化建设的研究课题重大，意义重要，内涵丰富，是教育工作的一个永恒主题。和谐校园文化建设的实施方向正确，重点突出，是教育思想的根本转变和教育运行机制的全面更新。

我们出版的这套《和谐校园文化建设读本》，既有理论上的阐释，又有实践中的总结；既有学科领域的有益探索，又有教学管理方面的经验提炼；既有声情并茂的童年感悟；又有惟妙惟肖的机智幽默；既有古代哲人的至理名言，又有现代大师的谆谆教诲；既有自然科学各个领域的有趣知识；又有社会科学各个方面的启迪与感悟。笔触所及，涵盖了家庭教育、学校教育和社会教育的各个侧面以及教育教学工作的各个环节，全书立意深邃，观念新异，内容翔实，切合实际。

我们深信：广大中小学师生经过不平凡的奋斗历程，必将沐浴着时代的春风，吸吮着改革的甘露，认真地总结过去，正确地审视现在，科学地规划未来，以崭新的姿态向和谐校园文化建设的更高目标迈进。

让和谐校园文化之花灿然怒放！

本书编委会

❧ 目 录 ❧

第一章　当代世界高等教育的发展

一、世界高等教育的高速发展及其特点

第二次世界大战以后,世界形势发生了很大的变化。首先,冷战的出现和国际竞争的加剧使得许多国家,尤其是发达的资本主义国家格外重视科学技术和教育的发展,在这一方面投入了大量的人力和物力。其次,所谓的"知识爆炸"现象引起了世界各国的高度重视,这一现象对人类生活的方方面面产生的影响也日益广泛和深刻。再次,资本主义国家的社会危机不断加剧,出现一些新的社会思潮,如"人权"运动、机会均等,等等,它们也不断地对教育特别是高等教育提出一些新的要求,反对把接受高等教育视为有才能学生的个人权利。世界形势发生的上述种种变化,直接和间接地刺激着第二次世界大战以来高等教育在全球范围内的高速发展,并使得高等教育出现许多全新的特点。

(一)高等教育的大众化

1.高等学校学生数量的猛增

需要说明的是,"二战"以后高等教育的大众化趋势首先而且主要发生在工业化国家。经济的发展带来了社会的进化,而社会的进化又进一步导致了观念的变革。这种观念变革突出地表现在人们要求打破高等教育由来已久的等级观念,要求高等学校改变传统的"象牙塔"式的办学模式,让更多的人,尤其是让民众也能接受高等教育。关于这一点,瑞典学者胡森(Torsten Husen)从另一个侧面作了深刻的阐述:"在欧洲,中等教育和高等教育的入学人数按适龄年龄组的相对就学率来看,从20世纪

初直至 1950 年前后这一时期,增长非常缓慢。可以瑞典为例,1900 年前后,只有大约 2% 的适龄青年在学术中学毕业后参加大学考试;到 1940 年,这一比率升至 4% 左右。这种缓慢的增长是直线形的,没有任何突发式的跳跃。高等教育学生的社会成分反映了一个'上尊下卑'观念很严重的社会。尽管由于有少数出身农民或手工工人的学生得到了上学术中学的机会,因而还有某种上下社会的流动性,但是,人们普遍的态度是,中学后再深造主要是出身上层阶级的青年的事。"①由此可见,在 20 世纪 50 年代以前,制约高等教育发展的一个极为重要的因素是旧观念在作祟,同理,在 20 世纪 50 年代以后,高等教育的大发展在一定程度上也是一种新观念使然,其实质是社会的发展对教育提出的新要求。高等教育研究的权威人物、美国学者阿尔特巴赫(P.G.Altbach)撰文指出:"战后高等教育最重要的特征就是扩展。几乎每个国家的入学人数都戏剧性地增长,并随之作了各种类型的学院调整。正如马丁·特罗(Martin Trow)所指出的那样,学院从精英(如欧洲的大多数国家)转向大众化,最后向全民教育发展。这意味着高等教育的大门拓宽了,从吸收少量精华扩大到更广泛的社会阶层。"②

在 20 世纪 50 年代和 60 年代,高等教育在数量上的发展是非常惊人的,史称"高等教育大爆炸"。据统计,1930～1934 年间,全世界共有大学生 250 万人;1945～1949 年间,全世界的大学生人数升至约 550 万人,数量翻了一番;而到了 20 世纪 50 年代末,10 年中全世界的大学生人数又翻了一番,接近 1 000 万人;到了 1972 年,全球大学生总数已超过 3 000 万人。③这一数字变化,几乎匪夷所思,但它的确是事实。在 20 世纪50～60 年代

---

①[瑞典]托斯顿·胡森著,周南照译:《教育的目前趋势》,载《世界教育展望》(1),教育科学出版社 1983 年版。

②转引自[德]T·N·波斯特莱斯维特主编,郑军、王金波主编译:《最新世界教育百科全书》,河北教育出版社 1991 年版,第 52 页。

③[法]加斯东·米亚拉雷、让·维亚尔主编,张人杰等译:《世界教育史》,上海译文出版社 1991 年版,第432 页。

高等教育的大发展中,美国高等教育的变化最为引人注目。表 1.1 反映了美国高等教育从 1958 年到 1968 年 10 年间大学生人数变化的情况。

表 1.1　美国高等教育发展概况(1958～1968 年)

年份(年)	1958	1960	1962	1964	1966	1968	1958～1968 年年均增长率
注册学生数(人)	3 226 000	3 582 700	4 174 900	4 950 100	5 928 000	6 928 100	7.9%
注册学生占同龄人(18～24 岁)的百分比(%)	21.2	22.2	23.7	26.4	27.8	30.4	

资料来源:陈学飞:《美国高等教育发展史》,四川大学出版社,1989 年版,第 161 页。

英国的情况也大致相同。表 1.2 是英国从 1939 年到 1963 年全日制研究生和大学生的人数变化。

表 1.2　英国大学全日制研究生和大学生人数(1939～1963 年)

年度(年)	1939	1955	1968
研究生人数(人)	3 021	12 668	37 994
本科生人数(人)	38 508	72 526	173 528

资料来源:[英]J.N.沃尔夫著,潘建平译:《英国的研究生教育》,载《高等学校的科学研究和研究生教育》,人民教育出版社 1978 年版,第 92 页。

在某种意义上,高等教育的这次大发展是全球性的。苏联 1970 年的在校大学生人数比 1950 年增加了 2.7 倍,招生名额增加了 1.6 倍,毕业生人数增加了 2.6 倍。20 世纪 50～60 年代(1969 年除外),苏联大学生的年增长率始终保持在 4%～12% 之间,年平均增长率,50 年代为 6.2%,60 年代为 6.9%。苏联这一时期高等教育的发展,不仅大大超过了普通中等教育,也超过了中等专业教育。[①] 表 1.3 反映了西方主要工业化国家在 20 世纪 60 年代和 70 年代大学入学率的变动情况。

①迟恩莲:《战后苏联高等教育发展战略》,载《北京师范大学学报》1989 年第 4 期。

表 1.3　西方 6 国高教入学率(1965～1980 年)

年份（年）＼高教入学率（%）＼国家	美国	日本	英国	意大利	瑞典
1965	43.1	14.4	—	13.5	13.4
1975	60	39	19.9(1)	31.1	24.8
1980	60.8	36.5	28.15(2)	27.6	25.1(3)

注(1) 1970 年。

注(2) 1979 年。

注(3) 1979 年。

资料来源:王一兵:《发展、机制与困惑》,载《教育研究》1991 年第 4 期。

2.高等学校数量的发展

为了适应迅速增长的入学需求,世界各国都想方设法筹措资金创办新的大学,出现了高等学校数量大增长的新局面。不仅发达国家如此,发展中国家也是如此。

当然,应该看到,这一时期新创办的高等学校与以前相比有一个新的特点,即这些高校主要是理工科类的学校,并且在这些新学校里附设了众多科学研究中心。这一特点既见诸新独立的国家,也见诸具有悠久高等教育历史的国家。从 1950 年到 1965 年,阿根廷的大学数从 98 所增至 361 所,巴西从 669 所增至 1 257 所。美国、法国、英国和德国等情况大致相似。[1]

美国在 1958 年经过正式鉴定认可的高等学校为 2 011 所,到 1968 年增加到 2 483 所。其中,在 1965～1968 年三年期间,美国高校的数量增长最快,共计增加 291 所(平均每星期新建 2 所),占美国高校总数的 12%左右。[2] 从 1958 年到 1968 年美国高校数的发展参见表 1.4。

---

[1][法]加斯东·米亚拉雷、让·维亚尔主编,张人杰等译:《世界教育史》,上海译文出版社 1991 年版,第 434 页。

[2]陈学飞:《美国高等教育发展史》,四川大学出版社 1989 年版,第 162 页。

表 1.4　美国高等学校的数量变化(1958～1968 年)

年份(年)	1958	1960	1962	1964	1966	1968	1958～1968 年年均增长率
高等学校数量(所)	2 011	2 008	2 040	2 132	2 230	2 483	2.1%
教师数(人)	260 486	283 080	312 687	358 153	438 000	574 000	8.2%
高校资产总值(百万美元)	16 947	20 225	24 043	30 229	35 614	39 343 *	

＊ 这是 1967 年的数字。

资料来源:陈学飞著:《美国高等教育发展史》,四川大学出版社 1989 年版,第 161 页。

(二)教育经费的增长

由于社会对高级人才需求的急剧增加,更主要的是由于"人力资本"理论的问世,世界各国对教育,尤其是高等教育作用的认识大为提高。20 世纪 60 年代以后,世界各国政府对高等教育的重视程度与日俱增,高等教育的投入因此也呈大幅度的增长。

"人力资本"理论,是以美国经济学家舒尔茨(T.W.Schuls)为代表的一批西方学者在 50 年代末 60 年代初提出来的一种理论,它把教育经费的支出看成是投资而不是消费,并据此分析教育投资的实际收益。这种理论认为,人力资本的投资能获得远远大于物力资本投资的经济回报,人力资本的增长速度也远远大于物力资本的增长速度。因此,从经济发展的角度来看,同时也从发达国家的实际经验来看,资本积累的重点应该从物力资本转向人力资本。这一理论的提出者断言,人力投资的最主要内容和最佳途径是教育投资。舒尔茨 1961 年发表的一份报告对 1929～1957 年间美国国民收入与教育支出之间的关系进行了实证分析,最后得出结论:上述几十年中,美国的教育支出(投资)与美国国民收入的增长有正相关,即美国国民收入的增长额(共计 1 520 亿美元)中有 33％可归功于教育支出的增长,即 495 亿美元是因为教育支出的增加而获得的。舒尔茨还具体地提出了初等教育、中等教育和高等教育之教育投资的收益率分别为 35％、10％和 11％。

且不论是何种诱因所致,作为一个不容置疑的史实,在 20 世纪 50～70 年代的确出现了一个世界性的教育经费增长高潮,各国普遍在不同程度上加大了对教育的投入力度,尤其是对高等教育的投入。有材料表明,1975 年与 1960 年相比,法国的高等教育经费投入增加了 3 倍,英国和美国增加了 4 倍,日本增加的幅度最大,高达 10 倍;从 1965 年到 1986 年,原联邦德国的高等教育经费从 35 亿马克增至 220 亿马克,1986 年的教育经费是 1965 年的 6.3 倍。[①] 发展中国家对高等教育的投资热情同样令人印象深刻。从 1965 年到 1972 年,高等教育每年开支占教育总支出的比率,刚果从 7％增加到 18％,原捷克斯洛伐克从 15％增加到 17％,马达加斯加从 2％增加到 25％。[②]

(三)高等教育结构的多元化

高等教育,最早是作为精英教育为社会一小部分人服务的,在结构上比较单一。经过多年的发展,尤其是第二次世界大战以后,高等教育的构成已日趋复杂和多样,逐渐形成了一个多层次、多系列的多元化结构。

从层次上看,总的来说,高等教育已分离出 3 个最为基本的层次,即非学术性的高等学校,如日本的短期大学、美国的社区学院、德国的高等专科学校等,这些学校主要是为社会培养具有较高水准的技术工人或职员(部分学校也有大学预科的性质),具有较为明显的职业教育色彩;亚

[①]转引自《高等教育学》(内部交流),江西省高师师资培训中心,1991 年版,第 334 页。
[②][法]加斯东·米亚拉雷、让·维亚尔主编,张人杰等译:《世界教育史》,上海译文出版社 1991 年版,第 435 页。

学术性的高等学校,如美国的专科学院等,这些学校的特点是以教学为主,基本上只提供大学本科教育层次的教育;列于最高层次的是学术性大学,如美国的研究型大学、英国的古典大学、德国的综合性大学,这些大学不仅有很强的科学研究能力,并且承担着繁重的科学研究任务,而且往往也是研究生,尤其是博士研究生的教育基地,其特点是教学与研究并举,格外强调两者之间的有机统一。因此,国外一些教育史学者指出,"20 世纪 30 年代以来,由于大学生人数大量增加和高等教育肩负新的使命,建于中世纪和长期不变的大学模式发生了深刻的变化。除了本义的大学以外,培养工业、商业和农业人才的学院以及高等职业学校也同时在世界各地增多。所谓'大学校'已经不是法国和联邦德国所特有的(在联邦德国称为高等专科学校),在苏联和美国同样存在。各种短期的专科性的高等教育形式,如法国的短期技术大学或英美的教育学院已有所发展"。①

非学术性的高等学校的出现,在很大程度上是 20 世纪 50 年代以后高等教育民主化、大众化运动的一个副产品,较具代表性的是美国"二战"以后出现的社区学院。美国社区学院的前身多半是一些初级学院,它以收费低廉、就近上学、学制较短、课程实用为基本特色。二年制的社区学院多半由地方管理,基本上是靠当地政府的拨款来维持的,其教育目的是双重的:指导学生修习职业性的或半专业性的课程,使他们能学以致用;与此同时,也为学生提供能够在四年制大学或学院继续深造的基础文化课程。一般认为,这类学院已形成 4 个方面的功能:①高等教育的大众化,即给予中学毕业生及未受大学教育的成年人以进入大学学习的机会;②预科教育,即对于那些准备继续读大学的学生给予两年的基础教育培训;③上岗前教育,即使学生在获得某种职业或公民资格之前得到两年的基础培训;④指导教育,即帮助学生适应学校以外的社会生

---

①[法]加斯东·米亚拉雷、让·维亚尔主编,张人杰等译:《世界教育史》,上海译文出版社 1991 年版,第 436~437 页。

活,并在教育与职业方面获得指导。这类学校由于学制短、适应性广、内容灵活而受到广泛的欢迎,因此发展很快。现在二年制的社区学院数已占了美国各类高校总数的 1/3,在校生人数占了美国大学生总数的 1/4,成为美国高等教育的一个极为重要的组成部分。

本科生教育在战后的发展速度虽不及其他层次,但总体上仍然保持着发展的趋势。历史上,本科生教育一直是作为高等教育的主体成分,这一地位至今仍未被动摇:在当代高等教育的层次结构中,本科生教育在数量上依旧是最庞大的一个部分。仍以美国为例。美国共有高等院校 3 331 所,其中有研究型大学、一般性的综合性大学、四年制的文理学院和其他各种专门学院(如法学院、医学院、商学院等)、二年制的社区学院,等等。但为数最多的还是以本科生教学为主的大学或学院(参见表1.5)。如果除去"授予博士学位大学"(这种大学通常被称为研究型大学)和二年制学院,以本科生教学为主的高校约为 1 892 所,占总数的 56.8%(当然,研究型大学中也有相当数量的本科生在接受教育)。从注册学生人数来看,本科生同样是高等教育的基本对象。表 1.6 反映了战后美国高等教育不同层次的学生数变化趋势。

表 1.5　美国高等学校的类型分布(1985 年)

类别	授予博士学位大学	综合大学	普通四年制学院	专门学院	二年制学院	新建学院	合计
公立	109	254	118	67	919	33	1 500
私立	62	164	590	518	349	148	1 831
合计	171	418	708	585	1 268	181	3 331

资料来源:陈学飞:《美国高等教育发展史》,四川大学出版社 1989 年版,第 212 页。

研究生教育在这一时期得到了充分的发展,并日益受到来自社会各个方面的重视,同时在高校内部的地位也迅速提高。现在,一所大学或一位教授的声誉越来越多地取决于培养的研究生的质量和数量,以及与此有关的从事科学研究的经费和所取得的科研成果。战后研究生教育之所以获得如此迅速的发展,至少有 3 个原因:第一,教育、工业、技术和管理等领域对更高层次人才的需求在不断加大;第二,现代科学研究工作对更高层次人才的需求在不断加大;第三,大学在当代对科技进步的作用与贡献在不断加大。表 1.6 也显示了美国战后研究生教育飞速发展的情况,在某种意义上,也是世界研究生教育发展在当代的一个缩影。在战后研究生教育的发展进程中,一个值得注意的现象是博士后教育形成规模化和制度化。"博士后"这种形式最早见诸 19 世纪 70 年代霍普金斯大学,但第一次得到比较迅速发展的时期却是在 20 世纪 50 年代以后,尤其是 1957 年苏联人造地球卫星上天以后。1967 年美国高等院校中共有 13 000 名博士后人员,20 世纪 70 年代以来,博士后教育则趋向于在所有学科领域内进行,并且出现一个新的特征:所有领域中都有一些初级博士后人员在取得某一专业的哲学博士学位后再申请到其他专业接受博士后教育。据有人对美国博士后教育发展情况的调查,1969~1970 学年,在某些领域内有 10%~20% 的人申请其他专业的博士后学位;1979~1980 学年,每个领域都有 25% 的人(在某些领域内甚至有 50% 的人)申请其他专业的博士后学位。在化学领域,化学哲学博士申请其他专业博士后学位的人数所占的比例,1969~1970 学年为 17%,而 1979~1980 学年则占 38%;在物理学领域,这一比例由 10% 上升为 29%;在数学领域和工程领域,情况也大致相仿。[①] 博士后教育这种形式,其意义是十分深远的。如同美国哈佛大学一位系主任所说的,对未来专家的科学培训应该趋于广度而不是深度,培养的人才主要的不是有独创性的科学家(极少能达到这种水平),而是有能力在不同领域的科研机构中工作的科学工作者。至于基础研究科学家的培养,则应挑选有才能的自然科学博士转入博士后的学习阶段进行。[②]

[①] 参见符娟明、迟恩莲主编:《国外研究生教育研究》,人民教育出版社 1992 年版,第 168 页。
[②] 参见马骥雄主编:《战后美国教育研究》,江西教育出版社 1991 年版,第 153~154 页。

表 1.6　美国各级高等院校学生人数统计(1950～1975 年)

年份 (年)	高校学生 总计 (人)	二年制学院			四年制学院			研究生		
		学生 人数 (人)	占总 人数 的百 分比 (%)	五年 增加 的百 分比 (%)	学生 人数 (人)	占总 人数 的百 分比 (%)	五年 增加 的百 分比 (%)	学生 人数 (人)	占总 人数 的百 分比 (%)	五年 增加 的百 分比 (%)
1950	2 659 000	244 100	9		2 177 700	82		237 200	9	
1955	2 597 700	296 000	11	21	2 051 700	79	—6	250 000	10	5
1960	3 582 700	451 300	13	52	2 775 400	77	35	356 000	10	42
1965	5 526 300	841 400	15	86	3 987 900	72	44	697 000	13	96
1970*	8 581 000	2 223 000	26	164	5 327 000	62	34	1 031 000	12	48
1975*	11 185 000	3 970 000	35	79	5 952 000	53	12	1 263 000	11	23

* 含注册学习非学分课程的学生。

资料来源:王英杰著:《美国高等教育的发展与改革》,人民教育出版社 1993 版,第51页。

另外一个方面,从系列来看,高等教育的多元结构还表现在:除了全日制高校外,战后几十年中已形成一个完整的、与全日制相补充的非全日制高等教育体系,从而构成一个庞大的高等教育事业体系。随着科学技术的不断发展,尤其是大众传播媒介的不断发展,这个体系越来越全面、越来越完善。战后,远距离高等教育、业余高等教育等非全日制教育形式获得越来越大的发展,已成为世界高等教育越来越重要的资源或途径。像日本的广播电视大学、英国的"开放大学"、加拿大的"无墙大学"等都不仅声誉颇佳,而且学员众多,如 1972 年英国"开放大学"的在册大学生数已达 4.4 万人之多。苏联于 1938 年开始把函授教育正式列入高等教育体系之中,战后的发展速度很快,高等函授教育和夜校的大学生数已超过了全日制大学,其在校生从 1945 年占大学生总数的 28%猛增至 1959 年的 49%,在 20 世纪 60 年代则占总数的 52%～55%。日本的成人高等教育形式有广播电视大学、夜大学、函授大学等。到 1985 年止,日本共有 67 所大学和 92 所短期大学开设了夜校部,夜大学生达 145 258 人;

有13所大学和10所短期大学开设了函授教育,学员人数也有112 635人。[1]尤其值得重视的是,20世纪60年代以来,国际上兴起了一股新的教育思潮——"终身教育",更是对业已强劲的业余高等教育产生推波助澜的作用。这一思潮大致形成于1965年,其代表人物是法国人保罗·朗格朗。他提出的"终身教育"提案被联合国教科文组织国际成人教育局通过,并得到越来越多的国家的认可,现已成为当今世界上最有影响的教育思潮之一。根据"终身教育"的观点,正规学校教育并不是学校教育的终点,现代社会为了满足人们不断增长的受教育的需要,必须不断地加强与扩大非正规的教育。德国于1975年颁布了《继续教育大纲》,确定了终身教育的基本国策和基本方针;秘鲁于1972年颁布的《总教育法》也十分明确地把终身教育作为一项原则,全面改革其教育体系;日本在终身教育的实施方面走在世界的前面,于1979年成立了"日本终身教育学会",1987年日本的文部省将社会教育局改为终身教育局。

二、世界高等教育的发展趋势

(一)对高等教育的培养目标将作出新的认识

面对着20世纪50年代以后突飞猛进的高等教育,无论是社会还是学术界,在认识上或理论上的准备就显得严重不足。因此,对高等教育基本目标的再认识就成为一个热门议题。这一方面的认识,比较突出地表现在有关大学培养目标的讨论上。

1983年召开的世界大学校长研讨会几乎是一致地认为:理想的大学毕业生应具备下述三条标准:①拥有坚实的专业知识并掌握所攻读学科的方法论(方法论比专业知识的价值更为持久)。②具备把所修学科知识同实际相结合的能力,并且还应有同其他学科的成果相结合的能力。

---

①陈琦、程文新、姚顺先编著:《日本现代高等教育》,四川大学出版社1988年版,第71页。

③大学毕业生不仅要成为一个训练有素的专家,而且能乐于听取别人意见,进行国际交流。有人认为:"这三条标准,实际上为各国探讨合理的大学生知识结构和培养目标提供了准则。"①联合国教科文组织的《展望》季刊也于20世纪80年代专门讨论了未来高等教育的目标,波兰华沙大学教授、经济学院教育经济系主任简·克罗辛斯基(Jan Kluczynski)就"高等教育面临的迫切任务是什么呢? 高等教育应如何发展呢?"这样一些问题,撰文认为应该更加强调高等教育的以下职能:"造就有创造才能、有思想、有活力的个人;培养具有适应客观要求不断变化能力的专业人才;注重研究工作,培养从事研究工作与科学工作的人;帮助国家经济与文化部门完成国家和地方的发展任务;重视以终身教育为目标的继续教育活动。"②

由此可见,从80年代以来,人们已不再把高等教育局限于一种身份的授予(像20世纪中期那样)或一种高级专门技能(或知识)的掌握(像20世纪50年代、60年代许多大学所追求的那样),而是更多地关注起大学生内在的素质,关注起对人类、对瞬息万变的社会的适应性,尤其是关注起人的能力的培养。美国"提高美国高等教育质量所必须具有的条件的研究小组"1984年10月向联邦教育部部长等人提交的一份关于本科生教育质量的报告中也强调:"在今后15年和进入下一个世纪的时候,我们国家要求公民学会如何学习,也就是要求他们能够鉴别、组织和使用各种可利用的学习资源。我们的国家的基础是能够综合加工信息、能够从许多不同的角度分析问题的具有创造性的人民。"③1986年11月1日,美国卡内基教学促进基金会又发表了题为《美国高等学校本科教育》的报告,严厉批评了美国高等教育质量低下的现状。报告分析了导致美国

---

① 周满生:《面临高科技挑战的国际教育变革》,载全国比较教育研究会编:《国际教育纵横》,人民教育出版社1994年版。

② [波兰]简·克罗辛斯基著,刘金科译:《欧洲社会主义国家的高等教育》,载《世界教育展望》(中文版),第1期。

③ 王英杰编译:《美国提出改进本科生教育的二十七条建议》,载《外国教育动态》1985年第3期。

高等教育质量低下的诸多原因,其中有一个重要原因是高校为了便于学生就业一味迎合市场需要,专业设置过窄,内容过分强调职业和技能训练,办学目标不明。1987年4月,《英国高等教育白皮书》也提出了高等教育应有广阔的目标这个问题,要求高等教育要完成"教授技能,普遍提高能力,增进学识,传递公民的共同文化和共同准则"这一任务。因此,如何在社会的发展与变化日新月异的情况下调整并注重大学教育的目标,切切实实地提高高等教育的质量,这是当前高等教育发展的一个极其重要的趋势。

(二)高等教育将更加重视基础性,文理科的交叉趋势将进一步得到强化

20世纪50年代以后的高等教育大发展有一个极为明显的价值导向,并由此形成一个非常显著的发展特征,即满足经济发展需要的工科型或技术型大学与学院得到了长足的发展,几乎成为那个时期高等学校发展的主流,重理轻文、重工轻文现象十分严重。早在1971年美国就有人不无担忧地指出,随着研究生院的兴起,课程内容变得越来越专门化,文科教育则走向了衰落,但导致文科教育衰落的原因不是研究生院,"而是这个有复杂技术的社会,这个社会使我们的知识大大地增加,而且要求在职业方面高度地专门化。如果文科教育乃是培养广泛的一套个人品质,那么文科教育必定仍旧是为一切大学、研究生院和专业学校所关心的教育"。[①] 这种认识似乎并没有在实践中受到足够的重视,愈演愈烈的高等教育"专门化",极大地削弱了教育质量赖以生存的基础。根据美国20世纪80年代中期的一项调查,美国本科生课程计划过于狭隘,具体表现在愈来愈多的本科生选择非常狭窄的专业作为主修课程。美国高校现有1 100个不同的主修课程计划,其中近一半在职业领域。在个别学士学位课程计划中,专业课程竟占80%。为此,调查者向美国政府建

①[美]保罗·L·德雷斯尔著,傅统先译:《美国研究生教育的发展和倾向》,载《高等学校的科学研究和研究生教育》,人民教育出版社,1979年版。

议:"所有学士学位获得者都应至少受过两年文科教育。这就要求,在多数专业学科领域,本科生教育时间应超过通常的四年。因为在任何一种课程计划内,要在四年之内把文科教育、专业教育和实习活动都包括在内是非常困难的";"应重新恢复和扩大文科教育要求,从而保证:(1)课程内容不仅应直接和学科内容相关,而且应使学生的分析能力、解决问题的能力、交流的能力和综合的能力得到发展;(2)学生和教师都应使各学科的知识结合起来。"①

　　20 世纪 70 年代以后,美国高等教育界对文科教育的呼声日趋高涨,并逐渐引起社会各界的重视,有关的论争始终不绝于耳。1975 年,哈佛大学规定学生必须从六大核心课程中选定选修课,它们是:外国文化、道德观念、社会分析、历史研究、文学艺术、科学。这六门核心课程构成了大学的基础教育内容。此后,全美国都在讨论大学课程内容的改革问题,并逐渐达成一种共识:大学生在自然科学、社会科学和人文科学等方面都必修一些课程,使得大学生的基本素质更趋合理。这场讨论引发了一场全国性的高校课程改革浪潮,绝大多数学校都根据新的要求调整了原有的教学计划,并对课程内容进行了更新。1981 年哈佛大学物理和科学史教授杰拉尔德·霍尔顿因在人文学科方面的杰出学术成就被授予美国最高荣誉,他在一次以"科学把我们引向何方"为题的演讲中强调:"如果自然科学和人文科学之间的相互依存关系得到更为广泛的理解的话,则人们完全可能成为技术的主人,而不是它的毫无头脑的奴仆。"②
1985 年 1 月美国大学协会发表了一份报告,也指责美国高校的课程"混乱不堪",不仅零零落落,而且也缺乏连贯性,不重视对学生进行一体化的基础训练。哈佛大学在这一方面走在美国的前面,其他高校也不甘落

---

① 参见王英杰编译:《美国提出改进本科生教育的二十七条建议》,载《外国教育动态》1985 年第 3 期。

② 转引自[美]詹姆斯·W·鲍特金等著,李进等译:《全球竞争及对策》,电子工业出版社 1987 年版,第 138 页。

后。如斯坦福大学恢复了已被停开 10 年之久的"西方文化"课程,并列为大学生的必修课;康涅狄格州立大学把其文学院中实施的一套新的必修课程计划推广到文科以外的学生之中;哥伦比亚大学规定一年级新生必须首先学习"当代文明"这门课程(该课程阐述了启蒙运动以来西方社会的发展轨迹),然后要学习人文学科;即使像位于新泽西州的规模很小的私立学校——布卢姆菲尔德大学也把"社会责任"和"社会与文化"等课程作为必修课,并把核心课程在这所以工商为主的大学的课程中所占的比例从 1/3 提高到 1/2。

美国的情况是如此,其他发达国家对高校课程的这一改革力度同样非常大,发展中国家在这一方面也给予高度的重视。总而言之,诸多迹象表明,加强大学教育的基础性、加强高等教育课程内容的文理交叉与学科渗透,是世界高等教育发展的一个重要趋势。

(三)高等教育与社会发展的关系更趋紧密

高等教育在自己并不漫长的发展过程中,职能在不断地派生和扩大,从最初的精英教育单一职能逐渐派生出科学研究职能,后来又进一步派生出社会服务职能。于是,高等教育便历史地形成教育、科研与服务三大职能。加拿大哲学家阿德尔曼(Howard Adelman)根据北美国家200 余年的发展历史把高等教育划分为 4 个发展时期:①真理的殿堂,即向学生传授绝对的道德真理。②科学方法的殿堂,即向学生传播探求无限广泛知识的各种专门化的技能。③社会服务站,即为社会服务。④文化市场,学院的所有"教育活动"均是作为"教育经济人"的角色来进行的。[①] 如果说,以往的历史极大地强化了人们关于高等教育之教育与科研的职能的认识,那么,在当代,随着社会的继续发展,高等教育的社会服务职能不仅显得更加重要,而且社会服务的形式与途径将会越来越多

---

①转引自陈学飞著:《美国高等教育发展史》,四川大学出版社 1989 年版,第 210 页。

样化和制度化。

　　大约从 1975 年以来,美国政府采取的一项重大政策就是竭力促进大学和企业的合作,推行大学和企业的"合作教育计划"。这一计划的实行有多种方式,如大学组织大学生到企业中进行生产实习,企业选派员工到大学接受培训或继续教育,等等。联邦政府也责成美国国家科学基金会进行多方尝试,为了在大学和工业界之间建立各种联系,到了 20 世纪80 年代中期,美国国家科学基金会建立了 5 个大学——工业合作研究中心,分别设在卡内基——麦伦大学、麻省理工学院、北卡罗莱纳州立大学、俄勒冈大学和犹他州立大学。1986 年,美国白宫科学委员会曾就联邦政府、大学、工业界在科学和高等教育方面相互联系的情况进行了调查,并在向总统提交的报告中认为:"工业界也应该使大学重新获得迎接存在于工业和国际市场中的挑战和机会的能力,反过来,大学也能够并且应该使它们的工业界伙伴重新获得训练有素、生气勃勃的年轻人才以及以大学为基地的研究工作成果,以利于美国工业在一个迅速进步、日益技术化和更富竞争性的世界继续保持领先地位。"[①]

　　在通常情况下,大学和企业之间的关系通过三种途径而建立:①双方进行科研合作,如由企业向大学提供科研资金,大学与企业联合进行科学研究,大学与企业联合建设实验室,等等;②双方互通信息,互通有无,尤其是大学向企业或社会提供咨询服务,如开展技术咨询、决策咨询,提供专利或信息服务,等等;③双方合作以多种方式直接投资实业。第三种途径最突出的事例是大学与企业共建科学园或高新技术开发区,最早出现在第二次世界大战后的美国(如 20 世纪 40 年代末创办的斯坦福工业园),20 世纪 80 年代后在西欧国家得到迅速发展。(详见表 1.7)

---

　　①转引自周满生:《面临高科技挑战的国际教育变革》,载全国比较教育研究会编:《国际教育纵横》,人民教育出版社 1994 年版。

表 1.7　西欧国家科学园发展情况

国家	科学园数目(个)		园区租户数(户)		每个园区的平均租户数(户/个)	
	1980 年	1985 年	1980 年	1985 年	1980 年	1985 年
联邦德国	0	18	0	269	—	15
英国	3	13	76	180	25	14
法国	3	8	275	320	92	40
比利时	4	5	38	76	10	15
荷兰	0	3	0	42	—	14
总计	10	47	389	887	39	19

资料来源:徐辉著:《高等教育发展的新阶段》,杭州大学出版社 1990 年版,第 89 页。

事实已经证明,高校,尤其是研究型大学借助自身信息灵通、设备先进、知识密集、人才荟萃等优势,应该而且能够从事科技开发,从事社会服务,并从中获得自身发展的强大的"造血功能"。据统计,在 1989～1990 年,美国高校通过科技合作和销售服务,获得约 386 亿美元的收入,占美国高校当年总经费的 27.6%。著名的研究型大学麻省理工学院1993～1994 年的总收入为 11.375 亿美元,其中科研收入为 6.911 亿美元。在美国,高等学校通过这些途径而获得的创收,占其总经费的 1/4。[①]

此外,20 世纪 80 年代以后,许多国家经济界人士都极为关注并积极参与高等教育的事务,甚至直接参与高等教育的决策。20 世纪 80 年代中期,日本前首相中曾根专门成立了一个直属内阁的由 25 人组成的临时教育审议会,作为他的教育决策咨询班子,其中经济界人士就占了 5 人。英国在 1988 年把"大学拨款委员会"改组成"大学基金委员会",据报道其实质性的变化之一就是将该委员会中商业、金融、经济界的代表由 3 位增加至 6 位,以加强他们在高校资金分配方面的发言权。1984 年秋,法国新任教育部部长在大学校长会议上发表讲话时也强调,高等教育应该适应经济与社会形势,大学首先要适应企业的需要,"大学真正的前途,是

① 参见卢铁成著:《关于提高高等教育投资效益的几点思考》,载《教育参考资料》1996 年第 17 期。

把知识、青年和经济与工业联系起来,这就是大学教育职业化的深刻含义。目前,经济和工业的竞争已在世界范围内展开"。[①] 1986 年,法国又成立了全国性的"高等教育—经济委员会",并在每个学区建立了相应的"学区教育—经济委员会",以进一步加强高校与经济界的合作;1988 年,在巴黎大学召开的"明天的欧洲:大学生、大学、企业"国际讨论会,则向高校师生、企业领导人和政府官员提出了实现大学—企业合作的纲领与案例。所有这些都令人兴奋地看到,长期以来以"金字塔"形象自我封闭的高等学府已开始瓦解,高等教育正作为一种极为重要的社会力量和社会生产力越来越密切地参与整个社会的发展与人类的进步。这不仅是高等教育的希望所在,同时也是人类的希望所在。

---

①转引自邢克超编:《法国高教方针和新高教法》,载《外国教育动态》1985 年 3 期。

第二章 高等教育的目标

一、高等教育目标的概念及制订依据

(一)高等教育目标的概念表述

高等教育作为教育的一个子系统,具有鲜明的目的性,需要明确的目标。高等教育目标在相当程度上体现国家和社会对高等教育的期望,反映着教育者和受教育者的追求,预示着教育的行为方向和结果,在教育和教育思想中占有重要的位置。

随着大学与社会之间关系的日益复杂,大学内部事务的日益增多,高等教育目标亦变得越来越难以把握。在美国,许多本科生学院由于争抢学生以及为市场需求所驱使而失去了使命感。"他们对自己的使命模糊了,搞不清如何灌输高等教育和社会借以生存的共同的价值观念。"[①]在高等教育目标的概念上众说不一,日本把面向21世纪的教育目标定为"宽广的胸怀、健康的体魄、丰富的创造力";"自由、自律与公共精神";"面向世界的日本人"。[②] 中国关于高等教育的目标,比较完整的阐述是在1961年中共中央原则批准的《中华人民共和国教育部直属高等学校暂行工作条例(草案)》(简称《六十条》)中。《六十条》明确提出高等学校的基本任务是培养为社会主义建设所需要的各种专门人才。[③] 英国政府在1987年发表《高等教育白皮书》,其中提到"高等教育的目标和宗旨"是:

---

① 国家教育发展与政策研究中心编:《发达国家教育改革的动向和趋势》第二集,1987年版,第38页。
② 国家教委信息管理中心编:《教育参考资料》总71期,第28页。
③ 季明明主编:《中国高等教育改革与发展》,高等教育出版社1994年版,第11页。

"更有效地为经济服务";"从事基础性的科学研究和人文、艺术方面的研究";"与工业和商业有更紧密的联系,提高对企业的挑战和机会的意识能力。"[①]1986 年,美国卡内基教育促进基金会发表《学院:美国大学本科生教育的经验》指出:"美国高等教育的根基是培养学位毕业生。"比较世界各国所制订的高等教育目标,大致可分为两类:在英美国家高等教育目标发轫于大学的使命,而其大学的使命又以知识为中心,因而高等教育目标始终围绕知识而展开;而在如日本和中国等国家,高等教育目标始终是围绕人才培养展开的。

从各国对高等教育目标的不同表述中,可以看到高等教育目标有广义和狭义之分。广义的高等教育目标是指社会发展和人的发展对高等教育包括高教发展与活动所提出的要求。这种要求明显地表现出层次性,譬如国家教育目标、大学教育目标、专业教育目标、课程教育目标等,既包括人才培养的质量要求,也包括人才培养的数量和结构要求。狭义的高等教育目标指一定社会对人才培养提出的质量和规格要求。在中文中,所谓目标,本意是切近具体的含义,虽亦遵循这一原则,但实则介于两者之间,其意义可与英文的"goal"或"purpose"相同,但不同于"objective,function,mission"。为此,本文给高等教育目标作如下定义:高等教育目标是为满足社会和人类自身对高等教育的需求,推动预期教育目的实现的一种高等教育的导向标准。

可以看出,高等教育目标并不等同于教育目的,达到高等教育目标,是过渡到目的的一种标志,高等教育目标是教育目的的具体体现。

(二)高等教育目标制订的依据

只有建立在反映客观规律上的目标才是可能实现的目标。同样,只有反映高等教育的客观规律的高等教育目标才可能是正确的。因此,分

[①]国家教育发展与政策研究中心编:《发达国家教育改革的动向和趋势》第二集,1987 年版,第 676 页。

析高等教育目标制订的依据首先应揭示和把握高等教育的基本规律。高等教育的基本规律:一是高等教育与社会政治、经济、文化等方面协调发展的规律,也就是高等教育与其他社会活动之间的本质关系;二是受教育者个体全面发展的规律,这是高等教育内部培养高级专门人才活动中德、智、体之间的关系。由于这两条基本规律的作用,高等教育目标制订的依据表现在以下三个方面:

1.社会发展需要与高教目标的制订

高等教育的一条基本规律可以表述为:高等教育必须与社会发展相适应。因为社会是人类生活的环境、生存的空间;社会在向人提供必不可少的生存和发展条件的同时,也要求人们按照相应的社会规范来调节自己的行为方式;要求高等教育按照一定的社会发展需要来培养和塑造正在成长中的一代新人。

高等教育目标就其本质来说,是要培养各级各类专门人才。但是,由于社会制度、经济条件、文化历史背景的不同,高等教育目标的内涵也不尽相同。在培养人才的层次结构等方面,也可以看到高教目标受到与社会相适应规律制约的状况。在科学技术形成、发展并对社会产生作用时,工科大学和各种专科学院一批批建立起来,突破了在此之前主要是培养文职官员、神职人员的规格和结构。高水平的专业技术人员、学者、科学家已成为推动社会前进不可缺少的力量。进入 20 世纪以后,一些国家的高等教育范畴大大扩大了,本科教育与研究生教育这种两级水平的结构已变成三级水平的结构,在原来的本科教育之前增加了一个"中学后教育"阶段。另外,科技发展要求原有的中级技术人员不仅会操作,还应具有一定的理论知识。类似的层次在法国是短期技术学院,在日本是短期大学,在美国是社区学院,在联邦德国是各类专科学校。因此,社会多样化的人才需要使得高等教育结构日趋多样化。不同国家的历史文化背景也使得高等教育培养的人才各具特色。英国比较重视文化素质,向往的理想人物是绅士,所以高等教育较注重把学生培养成为一个有教养的人,注重陶冶学生的情操,形成绅士的思维方式和价值观。德国是一个后起的国家,为了同当时较先进的工业化国家竞争,必须依靠"富国强兵",即依靠科学技术来增强国力,因此,德国比较重视科技教育,要求培养出的各种专门人才具有创新思想和开拓精神。美国是一个年轻国家,融合了各民族的文化,由于经济上的迅速发展急需各种各样的专门人才,所以美国的高等教育带有多样化的特色,不拘一格地培养和选用人才。

2.高等教育受教育者个体发展需要与高教目标的制订

高等教育的对象是身心正处于发展阶段的青年一代,是尚不成熟但正走向成熟的个体。因此,高等教育目标的制订,既要适应社会的客观需要,又要适应个体的身心发展需要。从高等教育目标来看,社会的需求和希望只有转化为个体内部的心理需要,并且与受教育者的生理、心理发展水平相吻合,引起身心发展的飞跃与质变,才能显示出社会需要的效能和教育过程的意义。高等教育的受教育者身体发展过程,既包含有自然成熟的因素,又包括着培养训练的内容;既需要食物能量的新陈代谢,又需要体育运动的锻炼提高。同时,作为一个完整的个体,又有心理发展的需要。因此,高等教育目标的制订,既要有对身体素质发展要求的规定,又要有对心理素质发展要求的规定。换句话说,接受高等教育应该是个体的身体发展需要与心理发展需要的完满结合。

3.社会发展与个体发展的现实需要和未来需要的辩证统一,是制订高等教育目标的根本依据

教育目标是对以往历史的承继和当下实践的起点。"它扎根于过去而又指向着未来"。① 因此,教育目标的制订是对过去经验、现在要求和将来需要的整体统合。换言之,教育目标是对社会的现实需要与未来需要和个体的现实需要与未来需要的综合概括。

---

①吴俊生著:《教育哲学大纲》,三民出版社1986年版,第139页。

社会与个体的现实需要作为制订教育目标的出发点,首先表现在对人类已有的物质生活财富、精神生活财富和自身发展条件的利用和承接。如同"五官感觉的形成是以往全部世界历史的产物"[1]一样,我们今天的社会也是以往社会的发展结果和继续,我们今天的教育目标,当然更应该扎根在已有的历史遗产之上。社会与个体的现实需要,具体体现为对当今社会的物质生活需要和精神生活需要作出及时准确的判断反映;对受高等教育者的身体发展需要和心理发展需要作出及时准确的判断反映。任何需要都是在一定生活条件下产生的对于一定客观现实的反映,这种现实的反映连同过去的遗产一起,共同构成了制订教育目标的研究出发点,社会与个体的现实需要并不是静止不变的,而是随着客观存在的变化而变化,随着个体机能的发展而发展。今天的现实是昨天的希望的结果,今天的希望又一定会成为明天的现实。只有正确地认识现实需要的稳定性与动态性,才能在保持教育目标的相对稳定性的同时,根据社会需要与个体需要的变化,适时地充实、调整和变革教育目标。

(三)高等教育目标制订的意义

目标是一种引导和推动人们在实践中改造世界、改造社会的方向性的精神性动力。目标为实践指出方向,使实践带有自觉性;实践将目标付诸实现,使目标具有客观现实性。高等教育不仅要为一定的社会与经济服务,而且要尽可能满足学生全面和谐发展的需要。同时它又受到社会政治与经济等多种因素的制约。这些要求和限制影响到高教目标的形成和完善。高等教育实践正是受到如此形成的目标的指导。因此,在内容和方法上,在教学安排与教学组织形式上,高等教育应该以这些目标要求为依据和准绳。一个明确的科学的教育目标,可以取得较好的社

---

[1]《马克思恩格斯论教育》上卷,人民教育出版社 1984 年版,第 20 页。

会和经济效益,有利于人才成长。

1.明确、科学的教育目标,有利于充分发挥高教的社会价值

高等教育所培养的是中高级人才,通过所培养的人在社会和社会生活中发挥作用,促进生产和社会的进步。而一个人的社会价值的大小,在于对社会作出的贡献。贡献得越大,价值也就越高。高等教育所追求的也是提高人的社会价值,而提高人的社会价值,就要提高人的知识、才能和思想境界,提高人的创造力。在制订高教目标时,应以满足社会发展需要和促进人的全面发展作为衡量的价值尺度。如何使高等教育目标适应社会需要,是制订目标时首先要考虑的问题。因此,明确科学的目标,应该能充分有效地体现高教的社会价值。

2.明确、科学的高教目标,有利于高教自身协调有序地发展

高等教育与其他事业不同,它的活动有其独特的自身发展规律。这种规律的独特性具体表现在:第一,与其他活动相比,作为培养高级专门人才的高等教育活动,更远离经济活动,是一个相对独立的办学实体。它尽力排除感情色彩,充分认识到专业与学科的内在规律性,忠诚于学科发展规律,努力维护专业知识与学科体系的科学性和权威性。第二,高等教育对物质文化的遵从性要求高等教育的活动能冷静地沿着学科发展的规律去寻求知识的真谛,有必要与社会现实保持一定的距离,用一种清醒、客观的眼光去认识社会发展对于高等教育的真正要求,以维护科学与技术发展所必需的相对稳定的学术环境。一个明确、科学的高教目标,能遵循高教发展的内在规律,促使高教协调有序地发展。

二、对高等教育目标的探索与争论

在教育发展史上,对教育目标的探索和争论从来没有停止过。各种教育思潮影响下的教育目标纷纭复杂。高教目标在不同的历史时期,不同经济水平和政治体制中有不同的表现形式,每一种形式都代表着一定的社会需求,都有存在的价值,在发展现代高等教育中都是有用的。二

战以后,由于科技进步和经济发展的推动,沉寂多年的知识与智力之争又复活了,并在一定程度上引发了德与才、社会化与个性化、普通教育、专门教育的争论。争论没有输赢是显而易见的,因为双方各偏执一端。看来,教育,包括高等教育,对应该以培养什么样的人作为自己的目标追求,理论上并没有提出现成的和明确的答案。而一定社会、一定时期的教育实践又需要某种确定的教育目标作为指导。于是在高等教育史上,形成了普通教育、专门教育、继续教育、终身教育等目标蓝图,使得高等教育这一涉及家庭、社会、学校等各方面的系统工程能有意识地基于某种目标而得以贯彻实施。

(一)大学普通教育与专门教育

普通教育在英文中称为"general education"。这里的"general"具有三个含义:一是全体的,二是全面的,三是综合的。① 因此,"general education"就是全体的、全面的、综合的教育,一般译为"普通教育"。从含义上看,普通教育与自由教育(liberal education)是同义的。美国哈佛大学前校长科南特(Conant)认为普通教育问题的核心是自由和人文传统的继续,美国卡内基高等教育研究委员会在它的报告《本科生教育的变革》中指出,两词是可以互相替换的,都是指学术课程中的非专业化的宽的部分,与学位课程中的深的部分,即专业课相对。美国高等学校中的普通教育自 1945 年 7 月由著名的《哈佛报告》提出后,得到迅速发展,在其他一些国家也得到不同程度的应用,如日本称为普通教育或一般教育。也有国家采用不同的用语,虽然用语不同,但其性质是一样的。总的来看,普通教育是想纠正大学教育"功能性"和"职业性"一面发展过头的趋势。它重新强调学生理智和道德上的发展,注重学生价值观的完善。

1945 年科南特组织撰写了《自由社会中的普通教育》(General Edu-

---

① 《新英汉词典》,上海译文出版社 1979 年版,第 517 页。

cation in a Free Society），也称《哈佛报告》或《红皮书》。该报告认为，高等教育不仅是让学生获得信息，或获得特殊技能和才能。学生仅仅学好数学、物理、生物学和一两门外语，并不够公民的需要。作为一个公民除了应有"丰富的知识"之外，还应具有感情和实践经验，特别重要的是应该具有价值判断的能力。今日美国教育不是为了培养生来显贵的年轻骑士去享受"优裕生活"，而是为了使更多的未来公民理解责任和利益。作为高等教育，必须对学生进行普通教育，为其社会成员提供共同的知识体系，如果没有这种共同的基础，社会就会分崩离析。《哈佛报告》认为，普通教育本身是不可分割的，所有学科都必须为人的完善服务，这不是哪一具体方面的能力。① 进入 20 世纪 70 年代以来，大学普通教育发展更趋兴旺，各国高校都纷纷根据自己的实际情况采取措施，改进高等学校的普通教育和专业教育，使其更协调发展。如，原联邦德国于 1976 年颁布《高等学校总纲法》，为 20 世纪 70 年代与 80 年代的高等学校发展指明了方向并提供了法律保证。该法规定高等学校应向学生传授"专业知识、能力和方法，使学生能胜任科学或艺术工作，并对自己的行为具有责任感"。科学审议会建议，大学本科可以在基础训练方面，删去不必要的与太专门的课程，加强基础教学，扩大学生的知识面，把大学教学集中在学生毕业后不太可能进修的基础知识，使他们为多种就业出路作好准备。与此同时，增加边缘学科的教学，而不把课程固定在过细的专业知识教学上。对于工科的学生来说，今后将不断增加他们文科教学的课程，力争使文科课程比重逐步增加到 20% 左右，而且还将重视他们的交际能力、合作能力及其他工作方面的培养。在自然科学和工程科学课程中引进有关的社会科学基础理论。② 美国教育家德里克·博克

---

① 《General Education in a Free Society》，The Report of the Harvard Commitee，Harvard University Press，1945 年版，第 7 页。

② 国家教育委员会教育发展与政策研究中心编：《当代国际高等教育改革的动向》，高等教育出版社 1988 年版，第 188 页。

(Derek Bok)在1971～1991年间一直担任哈佛大学校长。他在任期间，提出了美国高等院校均予认可的共同教育目标，并将它作为美国本科生教育的宗旨。这一高教目标是：获取广博的知识，了解几种不同的学科；具有理解不同价值观念、不同传统和不同制度下其他文化的能力。

再如，苏联也非常注意加强高等教育中的普通教育。1987年3月，苏共中央和苏联部长会议发布了《高等和中等专业教育改革的基本方针》，制订了新的教学计划，明确表现出加强普通教育的趋势。新的教学计划分为三部分：第一部分是基础教育，由苏联高教部统一制订。基础课的任务是使学生获得基础科学（包括社会科学和自然科学领域的理论知识和技能训练）。基础课占全部教学总量的一半以上；第二部分是专业教育，占全部教学总量的30%～35%；第三部分是机动部分，由每所学校根据用人单位的要求来决定，占15%～20%。从这份新教学计划的要求中，可以明显地看出普通教育部分受到了重视，得到了加强。苏联高等院校加强普通教育的趋势还表现在他们加强跨学科课程和注重培养学生的创造力方面，他们认为科学技术的发展使生产技术更新的周期迅速缩短，同时科学技术领域的相互渗透和分化更加深广。这就要求专业人员除了熟悉本专业的科学知识以外，对有关的其他学科知识也必须有所了解，具有较宽的知识面，更主要的是应具有较强的独立工作能力和创造才能。为此，高等院校开设了许多跨学科课程，如"生物工程""生物物理学"等。此外，高等院校注意加强文理科之间的相互联系和相互渗透，要求文科学生学习理科课程，理工科学生学习文科课程。

1.大学普通教育

高等学校普通教育最主要的内容就是课程，普通教育课程是实现大学普通教育这个目标的必要手段。

美国曾于20世纪30～40年代，进行了高等院校如何组织公共课，尤其是对于开设综合课问题的讨论。当时"进步教育"的主张在教育界颇有影响，并产生了各种各样综合课程的设计。早在20世纪30年代，明尼苏达大学总校就开设了综合性的课程,"当代文化课程"包括了社会、历史科学、文化等多方面的基础知识。美国高等教育研究人员认为,综合性的专业和课程,有利于培养现代人才的各种素质和思维能力,以及组织、交际和实际工作等方面的能力。为此,他们在大学中开设了一些文理交叉、理工交叉的综合性课程,如麻省理工学院规定,大学生至少要学习 27% 的社会科学课程。在另一些大学则设置"STS"(Science,Technology and Society)课程,这类课程共有 200 多种,如计算机课程与社会,能源与社会,科学发展史,以及有关种族、历史、文化和社会等方面的理论。鉴于美国本科生的松散混乱状况,博克(Bok)在 1975 年组成一个委员会,委员会一致同意除专业课和选修课以外,建立一套本科教育的核心课程(core course),这一套课程的设置不应该以课程的内容和类别为依据,而应该以教授这些课程的目的为准绳,即培养学生的智能和思维方式。为了将学生培养成为"有能力、有理性的人",委员会认为必须将本科生的课程列入一定的框架,使学生可以适当地实施他们自由选择的权利。而建立这一框架的原则是培养学生组织和理解知识、分析问题及从多角度看世界的能力。

法国的"富尔改革"把学科相通列为教学改革的一个重要方面,强调发展各学科之间的联系,创立新型课程。如巴黎大学的一、二年级,基本上不分专门的教学单位,只按物质科学、自然与生命科学两大门类上基础课,包括了相当的综合性科学内容。在后两年的选修课中,学生还可以从广泛的领域中选择自己感兴趣的、与专业有关的课程。巴黎理工学院,是法国在大革命时期产生和发展起来的著名大学。他们用"掺沙子"的方法,设立了人文和社会科学系,向理工科大学讲授人文和社会科学课程,使这些学生能够广泛地选择职业,迅速地接受某种专业的补充教育。1970 年的一项教育法案规定,这所学校是"给学生以科学和一般的文化,使他们在经过专业化的训练以后,适于在国家的民政部门和军事团体中担任科学的、技术的或经济的高级职务和责任,也可以更普遍地在全国范围的活动中担任科学的、技术的或经济的高级职务或责任"。①

从美国和法国实施高等教育的基础化和非专业化的措施看,普通教育目标不是与专业教育截然分开的。但如果把普通教育完全留给那些着眼于专门技术课程,留给那些把职业作为目标的课程,那么,普通教育也就不会实现。因此,为了实施普通教育的目标,必须在高等院校开设一些专门的普通教育的课程,这类课程主要关注人文素质和价值观念,而不是专业和技术。普通教育在一定程度上是贯穿专业教育的,因为无论什么专业教育都应当进行一些普通教育,如果不进行普通教育,那也就不能很好地进行专业教育。普通教育并不是到一定时期就结束的,而是贯穿在整个大学教育之中。

美国高等教育中的普通教育在世界上很具代表性,美国的《哈佛报告》中提出的普通教育课程如下:

(1)在学士学位的16门课程中,应有6门是普通教育,其中至少有一门是人文科学,一门是社会科学,一门是自然科学。这类课程范围比较大,规定在大学的头两年进行。

(2)除上述课程外,学生还应学习3门普通教育课程。这类课程范围比较小,在大学的后半程进行,允许学生有广泛的选择余地。

(3)大学继续加强基本的拼写、语法、句法知识教育。加强作文和表达能力的训练。作文训练落实到每个系、每门课的教师,所有学生都要上作文课。

《哈佛报告》确定的普通教育课程具体包括三个方面:人文科学、社会科学、自然科学和数学。其中,人文科学课程包括文学、哲学、美术、音乐;社会科学课程包括西方思想和机构、美国民主、人类关系;自然科学和数学课程包括数学、自然科学,两门课程包括讲课、实验和讨论,还可以请一些访问学者作综合分析,并介绍该课程的新动向。

---

① 中央教育科学研究所编:《当代外国教育发展趋势》,教育科学出版社1986年版,第204页。

美国《哈佛报告》所建议的普通教育的主要内容是为实现普通教育任务服务的,包括了传统教育、知识教育、能力教育三个方面的考虑,同时所确定的内容符合普通教育的基本原则,在安排上也具有一定的灵活性。如采用必修制和选修制相结合的做法,先给较差的学生补课,再让全体学生共同学习的做法等。《哈佛报告》所建议的内容在美国高等院校有广泛影响。1978年,美国哈佛大学关于本科生课程的调查委员会列出八个方面的核心课程:论文写作,数学思辨及其应用,物理科学,生物科学,西方文化,非西方文化,文化、政治和伦理哲学,现代社会分析。1981年,88%的新生已开始修核心课程。这时的体制已改为目前的形式,即从以下10个领域中挑选8门课:历史研究:①对历史的研究,②对历史第二手资料的研究;文学艺术:①文学作品,②视听艺术,③文学艺术所产生的文化背景研究;科学:①物理学,②生物环境科学;外国文化;伦理思辨;社会分析(介绍社会科学的基本理论和方法)。目前,美国学校规定,本科4年所选32门课中,16门必须是专业课,8门选修课,8门核心课。这三类课程相辅相成、相得益彰:核心课程为学生奠定一个广博的基础,为学生的专业学习提供认识问题、分析问题的角度和方法,同时也为学生选修其他课程提供一定的参照;选修课为学生在专业课和核心课的基础上进一步发展其兴趣,更广泛地接触新的领域提供条件;核心课和专业课同时为学生选择专业提供指导;专业课也在一定程度上限制了学生选修课和核心课的范围。麻省理工学院已尝试开设了"科学、技术、社会"课程,并且鼓励工程学科的学生副修人文和社会学科,还要求所有学生在五个领域(历史研究,文学及原著研究,语言、思想及价值,当代文化和社会,艺术)中至少选择三个领域各学习一门课程。

日本高等院校中的普通教育模仿美国,其教育内容与美国相似。《大学设置基准》(1962年修订)规定,大学一般教育科目(普通教育)要达36学分以上,占总学分124的近1/3,日本的普通教育科目分为三个学问领域:人文科学(哲学、心理学、伦理学、历史、文学、音乐、美术);社会科学(法学、社会学、政治学、经济学、统计学);自然科学(数学、物理学、化学、生物学、地理学)。各个专业都要从这三个领域中的每一个领域选定三个以上的科目,共12个科目,作为专业的普通教育科目。同时,各专业还需要开设外国语科目和保健体育科目,从广义上讲这两门也是普通教育科目,总称为教养课程。日本各大学所设的普通教育科目基本是相同的,但也都根据本校的具体情况突出了自己的特点。如同志社大学开设的"日本现代化和同志社"学程,无疑突出了同志社大学本身的特点,既使学生受到爱校的教育,也使学生受到爱国的教育。近年来,日本的普通教育增加了一些新内容,如开设公共信息处理教育课,实施一般信息处理教育。公共信息处理教育是让非信息专业学生学习计算机的基本知识和技术,了解信息处理的可行性,以便在学习各自的专业时能够熟练地使用电子计算机。日本自20世纪90年代之后,在深入高等教育改革的同时,把教育目标的改革作为改革的切入点和中心环节。其主要做法是:强调培养目标,根据社会和学生的需求,修改、调整课程结构;强调培养复合型人才,培养学生的综合判断能力;强调培养学生的国际意识和在国际交往中的能力。大量设置综合课程,其目的是为了培养面向21世纪人类解决复杂问题的洞察力。如名古屋大学目前开设了22门综合课程,有现代日本的教育问题、宇宙科学、信息化社会与尖端技术等。

英国高等教育中实施普通教育采用了不同于美国的方式,虽然有些大学也有普通教育大纲,如苏塞克斯大学,但总的情况不像美国那样明确和普遍。英国大学不同于欧洲大陆,国内的两个最古老、最著名的院校牛津大学和剑桥大学,以前主要培养上层阶级和牧师,后成立的那些大学放弃了培养普通绅士的任务,担负起了科技教育任务,不过,仍然保留着人文主义的自由教育理想。以后,英国的一些古老大学逐渐地按照德国模式进行了改革,虽然他们坚持认为,专业化教育的目的不是仅仅为了获得实际技能。总的来看,普通教育在英国不像欧洲大陆那样彻底衰落,其中那些偏重专门化课程的大学也感到有必要对学生进行普通文化和道德教育。高等院校想方设法让学生住校,以便进行教育和个别辅导。大学既关心学生专业的进步,也关心他们其他方面的进步。英国高等教育很重视普通教育,主要体现在高等教育的非职业化目标上,大学课程虽没有像美国那样明确的普通教育课程,但其高等教育的普通教育性质却是很突出的。

源于欧洲文艺复兴运动的普通教育目标,坚持发展智慧,注重学术性人文学科和基础理论学科,注重博学,崇尚多面手,注重培养学生人格和批判精神,但它忽视应用,表现出重学轻术、重文轻用、重理轻工的倾向。高等教育的普通教育目标注重通才教育,有一定的合理性,但那种反专业化趋向影响了技术的发展。进入20世纪90年代以后,普通教育不断现实化、世俗化,并根据新时代要求赋予它新的内容,使之符合社会发展需要。

2.高等专门教育

二战以后,世界许多国家都把主要精力投入发展本国的经济和技术上。科学和技术从未像现在这样突出地显示出它们的威力和潜在力。正如贝耶(R.P.Bajer)在《美国教育中的实验》一书中所指出的:"如果没有闰斯利尔学院培养的人员,办理大学中新的科系,指导铁道和工厂的建造工作,美国产业革命必然拖后25年。"与此同时,东西方冷战开始,苏美两国展开激烈的军备竞赛。1957年苏联首次成功地发射了人造地球卫星,美国朝野震动,他们惊呼美国的科技落后了。而科技的落后是由于科技人才的缺乏,科技人才的缺乏是因为教育的失误。于是,美国及其他各国开始重视科学技术教育的发展。1958年美国参政两院联合通过了《国防教育法》,"目的是加强国防并鼓励和援助教育方案的扩充和改进,以满足国家的迫切需要"。[①] 1959年,美国全国科学院召集35位各领域的专家会集于科德角的伍兹霍尔,讨论如何改进自然科学教育问

---

①瞿葆奎主编,马骥雄选编:《教育学文集·美国教育改革》,人民出版社1990年版,第125页。

题。会议的目的不仅是要制订一个培养的紧急计划,而且要研究培养"英才"的长期教育计划和课程改革方案。这种改革潮流在欧洲和世界的其他许多国家都有不同程度的反响。20世纪60～70年代初,西方社会思潮中的"现代化理论(modernization theory)""人力资本论(human capital theory)""人力规划(manpower planning)"影响极大,加上战后经济与科技发展的需要,高等职业技术教育获得空前发展。可以说,在现代化理论的指导下,鉴于对人力资本重要性的认识而对教育追加投入,依据人力规划方法发展职业教育,这已成为当时的时代特征。经历了20世纪70年代中后期高等职业教育的低潮,20世纪80年代多元化的高等职业教育模式又建立起来。1991年世界银行关于职业教育和培训的政策文件,可以说是世界银行职业教育政策"革命性转变"的标志。该文件以福斯特的职教思想和1/4世纪以来世界职业教育实践的经验教训为基础,提出一套全新的职教发展战略目标。该目标可概括为:根据劳动力市场的实际需要组织培训,满足要求,适应经济发展;在职教的主要办学模式上,由原来的"学校为本的职业教育"变为"企业为本的职业培训"。

法国在社会党的密特朗当选总统后,新政府的教育政策主张改变历届保守派的意图,决心向社会上的弱者——工人、农民、移居劳动者的经常受到落榜及中途退学威胁的子女伸出援助之手,以"改变教育与社会隔绝的局面"。

法国高等教育中主要有两类短期高等技术教育,这两类教育由于办学经济、培养周期短、能适应科学技术迅速的发展变化,因此颇受职业界的欢迎。这两类学校是:

(1)短期技术大学(IUT)。它一般设置在综合大学里,可以充分利用大学的实验室设备和师资力量,学制为二年。其特点是:

第一,有严格的教育大纲,由教育部统一规定,每周35学时,学习十分紧张。课程分普通教育、基础知识、专业知识三方面。

第二,师资一部分由大学教师兼任,一部分直接来自企业或有关职业界,由工程师、经理或公共机构的高级管理人员授课,使高教界的教学与科学研究和企业及其他职业界的现实密切结合,使科研成果和新技术及时反映到教学中来。

第三,整个教学过程与生产实践密切结合,各专业教学计划与当地有关企业或职业界共同制订;学生须经常进行实地考试,最后一年必须到企业或有关机构中进行实习。

短期技术大学的教育目标是:为工业和第三产业的活动培养干部和高级技术员,这些人的任务是将抽象的设计或理论研究的结果具体化;造就直接协同经济、管理和工业尖端力量工作,协助工程师进行研究、计划、发展和生产的较高级的技术人才和中间领导人员。因此,他们在技术方面应当受到比工程师更高深、更具体的培养,在对事物的一般认识方面应比普通技术人员的眼界更开阔。

(2)高级技校(STS)。这类学校设在技术高中或农业高中,以便利用其教学设备及部分师资力量。招生对象与前者同,培训2~3年,修"高级技术员文凭"(BTS)。这种文凭专业性很强,教学上与短期技术大学主要的区别是:前者的培训是从一门学科领域出发,达到多种工艺应用;后者则侧重一门技术的培训,达到对该门技术理论和实践的掌握和精通。这类学校专业技术性很强,如电影工业、眼镜光学、工艺美术、广告和销售、商务翻译、情报处理等。学生每周上32~35小时课,其中20小时左右用于技术专业知识和实践,学习后期到职业部门实习6~9个月。毕业生做高级技术员,或工程师助手。

法国政府继制订《高等指导法案》之后,又提出了"振兴职业技术教育"的口号。据统计,法国信息方面所需的专业人才仅有22%是由公立的高等教育机构培养出来的,为解决急需电子科技人才这一问题,法国政府还专门制订了一个应急计划。法国政府为实现此计划决定,短期技术大学和高级技校的学生将每年递增10%,到1990年增加到50%;将创建5所科技大学,进行重点的智力投资。此类大学学制5年,造就工程师和商业及经济管理方面的高级人才,教学突出多科性,并确保科研在教学中的比重,学校将拥有先进和完备的科研设施,并与工业界密切联系,使之成为将科学技术转化为生产力的重要基地。[①]

日本的高等专门学校和短期大学是顺应高等教育的职业技术教育目标而设立的。高等专门学校,目标是培养中级技术人员。1961年的第38届国会通过了《部分修改学校教育法的法律案》,即《高等专门学校制度法案》,决定从1962年起设置高等专门学校。高等专门学校制度的建立,不仅使中级技术人员有了相应的培养机构,从而适应了科技发展、经济发展的需要,而且,在日本战后的学校制度史上具有重大意义。因为它打破了战后单一的高等学校制度,扩大了国民选择入学的自由度,使他们可以根据自己的能力、特长来选择入哪种学校。高等专门学校的目的是:"教育高深的专门知识和技艺,培养职业所需要的能力。"所设学科种类主要有机械工学、电气工学、工业化学、建筑学、金属工学、航空机体工学、印刷工学、航海、无线电通信等。招生对象是初中毕业生,学制为5年,使基础教育、专业教育和专业基础教育连贯起来。根据文部省"教学计划基准"的规定,5年的总教学时数为6 545学时,其中普通科目为2 905学时,专业科目为3 640学时。[②]可见,专业科目的比重比普通科目高。

1964年第64届国会通过的《部分修改学校教育法的法律案》,使短期大学制度得到法律上的承认。短期大学适应日本经济进入"高速增长"时期的需要,培养出了大批具有各种专业技能的人才,深受企业与社会各界的欢迎。日本的短期大学发展迅速,到1975年已增至513所,学生达30多万人,短期大学目标是在高中教育基础上,对学生进行高深的专门知识教育,使他们获得职业与生活上的必要知识与技能。

德国出色的职业教育制度是举世闻名的,它的建设和发展,推动了

---

①古泽常雄著:《法国教育改革的回顾》,教育资料1989年第4期,第28页。
②梁忠义主编:《战后日本教育研究》,江西教育出版社1993年版,第218页。

德国工业化的进程,促进了德国科学技术应用于工业的巨大成功。德国在二战后新建了两种基本的高等职业技术学校,一种是为帮助正在受职业训练的学徒取得高等学校入学资格而在职业教育与普通教育之间起桥梁作用的职业补习学校,有部分时间制和全日制两种形式。另一种是20世纪60~70年代初作为高级专科学校的工程师学校和高级经济专科学校转变为高等专科学校过程中建立的专科高中,它的职能是提供高等专科学校入学资格。

德国的高等职业技术教育通常实行全日制、部分时间制及夜课程教学,修业期1~3年。除了各按所属基本专业方面进行专业理论和专业实践方面的教学外,还通过德语、外语、历史、自然科学等学科来深化普通教育。由于职业技术教育与经济发展需要特别密切,所以其种类也特别丰富多样,如技术类型、经济类型、营养与家政类型、社会教育类型、造型类型、农业类型等。每一类型包括好多专业方向。每个专业方向,如有必要,又可分为若干重点,比如机械专业方向中的制作技术重点等。光就北威州的专科学校就有60个专业方向和这个重点,其中就技术类型的专科学校就有28个专业方向,包括电工、机械、矿业、纺织、建筑玻璃生产、金属制造等专业方向。

德国高等职业技术教育经过20世纪60年代~80年代中期的20余年的建设和发展,由二类学校组成的高等职业教育在德国高等教育中异军突起,形成了绝对优势。德国《高等教育总法》明确规定专科教育、职业学院是高等教育体系中的一个组成部分,承担应用型、非技术型人才的培养任务。从它的课程设置和目标看,课程设置针对性强,办学形式强调与企业合作,专业设置强调针对职业岗位,培养技术型、应用型的高级桥梁式职业人才。其毕业生在理论方面低于一般大学的毕业生,但偏重于实践和实用。他们是一种具备基本理论知识、有相当强的实践能力的职业技术人才。他们既不同于重视理论而常常忽视实践动手能力的一般大学毕业生,也不同于过去那种只熟悉操作、缺乏理论知识的技术人员。他们有能力将各种构思和设想变成现实,是一种把理论知识转化为实际应用的桥梁式中高级技术人员。德国《各州统一专科学校协定》中规定:专科学校对学生进行一种建立在传授理论和知识基础上的教育,最后使学生通过国家规定的毕业考试,能够从事独立的职业活动。这说明,德国的高等职业教育目标不在于使学生学习系统的理论知识和从事理论研究工作,而是通过对学生进行必要的基础理论教育和充分的专业实际训练,使他们成为在某一领域具有独立从事职业活动能力的专业人才。

高等职业技术教育以技艺型人才为培养目标,有利于各类院校之间培养目标的配套和科技人才结构管理。以往的理科大学是培养发现和认识客观规律的人才,工科大学是培养将客观规律应用于实践的人才,它主要培养根据工程科学提出的设计原理,将设计意图转化为工程图纸的人才,而高等职业技术教育是培养将工程设计图纸转变为物质实际的工程工艺型和组织管理型人才(即技艺型人才)。

(二)高等教育的继续教育目标

自 20 世纪 60 年代,法国教育家朗格朗提出继续教育论以来,继续教育业已成为一种有影响的国际教育思潮。联合国教科文组织把它作为教育领域活动的指导方针及原则。现在,许多国家正在结合本国的具体情况,把继续教育当作教育改革的总政策,结合着教育结构、教育内容、教育方法、教育管理、教育研究、师资培训、远景规划等一系列问题进行革新和实验,不仅从理论研究逐步为各国教育政策方针所确定,而且出现推广应用的强大势头。继续教育正成为当代教育所追求的一种目标。

在美国,工业界人士和教育界人士都较一致认为,必须依靠大学教育、工作中的经验积累和有目的的自学等多种途径解决"知识半衰期"问题。人们普遍认为,传统观念中的一次教育方式远远不能适应当前工业生产和科学技术发展的要求,为适应社会需要,大学必须开展继续教育。美国高等教育界认为,大学开展继续教育是美国教育现代化的重要组成部分。据资料显示，美国大学通常都面向社会，努力满足成年人继续学习的要求，它们不把继续教育当作学校的额外任务，即便是美国的研究性大学，也重视兴办继续教育，并将其提到与本科和研究生教育同等重要的地位。现在美国高校中有46％的学生接受继续教育。在密歇根大学商业管理学院，攻读学位的学生为2 000人，而参加继续教育的达6 000人。

美国高等教育中实施继续教育的目标，主要通过高等学校举办继续教育，大学的开放讲座及地方短期大学中的教育课程加以实施。①

1.高等学校举办的继续教育。这类继续教育具有理论水平较高、基础性课程较强的优点。特别是要计算学分的课程、授予学位的课程多是由大学开设的。大学办的继续教育强调面向本地区，为本地区的工程技术人员服务。

美国经办继续教育的大学，一般附设一个"继续教育学院"，也有的增设一个"继续教育系"，或设置一个"继续教育中心"。不过，这类"学院""系""中心"的在编人员很少，教学人员更少。教学人员仍归属于主院院系，他们主要工作是从事组织管理工作。这些继续教育机构，有的还具有相当大的基地。由于继续教育课程和学生来源变动较大，因而在课程的组织上颇具灵活性。如在继续教育中心，设有"课程协调员"，协调员本人可能是某一类课程的教师或有经验的工程技术人员。他们的工作主要不是授课而是调查研究、设计一门课程、组织讲课的班子、准备教材、进行宣传、招生以及其他一些管理的工作。他们在课程的质量、效果上针对性强、影响很大。

2.大学的开放。继承了欧洲传统的美国大学开放事业，一方面根据芝加哥大学哈珀创办夜间学部、函授教育部的主张；另一方面，根据威斯康星大学的拜赛提出的"向民众开放的大学"的思想，发展大学开放教育事业。芝加哥大学是"一般大学开放事业"型的，威斯康星大学是"农业

①国家教育委员会教育发展与政策研究中心编：《发达国家教育改革的动向和趋势》第二集，1986年版，第183页。

改良普及事业"型的,大学的知识向民众开放对继续教育发展起了积极推动作用。

美国在1965年高等教育法的指导下,向地区社会提供服务以及继续教育的计划逐渐形成了制度。这些制度强调大学必须帮助解决地区社会的各种问题,例如住宅、贫困、地方自治、娱乐、就业等,从而明确了大学对地区社会所负的责任和义务。

3.地方短期大学的教育课程。1960年后美国的地方短期大学发展迅速。地方短期大学担负着"实验大学"或"公共教育制度的综合统一部分"的任务。公立地方短期大学,拥有85%在籍学生,学费十分便宜,利用夜间上课,准许以定时分散的方式学习。这些短期大学生毕业后的就业去向,一般学校与当地产业间都有联系,学校办的就业服务业务和指导业务也十分发达,因而毕业生很容易找到工作。

二战后,面对重新组织科学技术教育的任务,英国政府发表了《珀西报告》,指出应当大力培养科学家、技术人员。1956年,政府又发表了白皮书,指出英国的技术教育已经落后。为此,政府制订了五年发展规划,为高等教育中的继续教育机构提供了数亿英镑资助,从而推动技术教育的发展。1986年英国政府宣布集中力量建立30多所科学技术学院,并大力为高等教育的继续教育提供条件举办夜校。英国在继续教育思想影响下的高等教育目标,视在知识、技术、态度、价值观、兴趣爱好、理解力等特定的内容中需要选择什么内容而定。在这种思想影响下的高等教育在方式方法方面不同于其他高等教育,它主要是通过以下几种形式来进行:

1.住宿制学校。二战后,短期住宿制成人教育学院已超过35所。它提供1宿2日或2宿3日以及1周或2周的课程。

2.开放大学。在这种形式的教育中,除了利用图书资料外,收音机、电视等媒体的作用增大。1963年英国政府发表《罗宾斯报告》后,经过数年研究,1971年1月开放大学正式成立。开放大学的特点是:①通过印刷教材提供函授教育。②利用收音机、电视的广播节目提供远距离教育。③由近 300 个地方的学习中心的指导教官进行面授指导。这种学校入学不受资格限制,每年按先后顺序登记 2 万名左右的志愿者。

3.社区学院。这种学校是由于独立设置存在财政困难,只得利用现存的中学的一部分条件,向居民提供各种教育和学习的机会。现在英国已有 20 余所类似学校。这种学校把向农村地区提供受教育机会作为目标,培养的是具有烹饪、裁缝、工艺等技艺的人才。它们有意识地设置能够为当地一切人所利用的设施和机构。这种学校的设置可以说是为地方服务的继续教育机构的形式。

法国在二战后以实现郎之万改革方案为目标,制订出许多改革方案。其中教育改革的重点转向高等教育,1968 年 5 月的大学学潮之后,同年 11 月公布的《高等教育基本法》给继续教育确立了一定地位,其中第 1 条第 9 项规定:"大学,特别要通过适用普通知识的新方法,对于为各阶层的人们且为各种目的服务的继续教育,必须给予协助。"在继续教育思潮影响下的高等教育以何为目标,应该怎样实施,在这方面产生了各种观点。其中贝埃尔·阿兰归纳的目标具有代表性:①

(1)通过普及文化,使所有市民充分享受文明的遗产,不断丰富修养。

(2)担负复杂多样责任的现代市民的陶冶。

(3)过早地停止在极其低下的水平上的一般教育。

(4)组织能够追随技术革新的教育。

阿兰还综合各种观点,认为继续教育应培养以职业、市民、家庭生活为目标的气质或态度;培育文化遗产;适应雇用需要。与此同时,他指出教育本身不是目的,只不过是手段。因此,比什么都重要的是学习的愿望和保障实现这种愿望的适当的信息和指导的组织化,以及担任教学的专家教员的培养和配置。

法国高等院校中这种继续教育的目标非常明确:即要求已经从学校

①国家教育委员会教育发展与政策研究中心编:《教育参考资料》总 69 期,第 32 页。

毕业了一个时期或较长时期的工程师和技术人员，能够得到知识更新。例如巴黎高等工艺学校，学员入学不考试，不分程度，不分年级，没有学制，没有年龄和资格的要求，免费注册。每个人可以随心所欲地跟着教学进度听课。讲授的课程和专业范围很广泛，包括机械学、化学、物理学、社会学、计算机学、财会学、建筑学、冶金学、组织管理学等。政府在加强继续教育方面作了很大努力，曾对继续教育进行过三次立法，规定继续教育的目标在于：①达到一个更高资格的水平；②丰富职工的知识；③变更劳动方式或职业；④更有效地打开文化知识和社会生活的大门。总之，在继续教育思潮影响下的法国高等教育，以两种模式为导向，第一，结合实际，服务科技和经济。这种模式的高等教育是委托单位的市场，委托单位根据自己的需要，提出十分明确和具体的目标，培训单位根据企业的具体要求派专家到企业进行考察和研究，拟订培训内容、培训方式和方法，经过与企业协调，开始实施教学计划。第二，实现教育目标化管理，开展配套组织培训。一般是以科技、生产或管理中的任务、问题等为目标，如要采用某种新技术、生产新产品、使用新设备或采用新的管理方式等。一般是把这些目标具体化之后，按照实施过程把目标进行分解，并落实到有关部门和人员去完成。①

德国 20 世纪 70 年代和 80 年代不断变化中的经济、金融和劳动就业政策，对教育政策有着深刻的影响。1985 年，联邦政府科学部发表了《关于继续教育的论纲》，强调进一步加强继续教育，并指出搞好继续教育的关键在于参加者的自我责任感、办学机构之间的竞争及教育内容的多样性和开放性。联邦政府《高等教育总纲法》和各州《高等教育法》规定，高校有责任开设继续教育课程，或与其他机构合作，为这些机构的人员提供继续教育。这种继续教育主要为大学后人员和具有同等资格人员提供进修机会。

---

①国家教育委员会教育发展与政策研究中心编：《教育参考资料》总 69 期，第 38 页。

继续教育作为高等教育的一个层次目标，为高等教育的发展开辟了一个新的天地，促使高等学校进一步面向社会，为社会提供更高的服务；同时将原来一次性封闭式的高等教育模式，改变为连续、开放的模式。它把大学的专业教育和大学后再教育联系起来，把高等教育的组织机构扩展成为社会化的网络结构，从而构成了新的更加完整的高等教育体系，大大提高了高等教育对于现代科学技术和社会经济发展变化的适应能力，同时也进一步提高了高等教育在现代社会中的地位和作用。

(三)个体与社会协调统一的双向性目标

20世纪80年代世界高等教育有两个特点，一方面更加重视受教育者个人的需要，重视发展他们的个性和满足他们的多种需求；另一方面更加强调满足整个社会多方面的需要。

改变目标单向性状态，促使双向性目标的形成，是高等教育发展的一个重要变化。

第一，高等教育目标单向性弊病的存在，是促使对高等教育健康发展进行探索的直接动因。

战后初期的结构单一的高教体制对高等教育目标单向性有一定的影响。进入20世纪50年代后期，由于世界经济的迅速发展，各国政府开始把高等教育的发展纳入整个国家发展的长期经济计划之中。应该说，在当时确定高等教育为科技服务的目标是正确的，但随着时间迁移，我们从高等教育目标这一角度来分析，就容易发现：高等教育单向适应经济技术的发展，必然会引起高等教育结构的合理性、供需的比例、大学生适应性等一系列问题。例如，日本20世纪70年代出现教学内容、学校设置的简单划一，一部分理工科毕业生向服务行业流入，教育中"荒废现象"严重，偏重学历等状况，都是高教目标单向适应带来的缺陷。

第二，"二战"后专修学校大批出现，而且规模越来越大。这种发展虽然适应经济结构变化，但还应当看到它的发展是以适应受教育者多种需要为出发点的。发展到一定程度时,随着国际交往的深入,迫切需要培养适应国际社会的人才,而单向性目标所培养的人才缺乏国际理解和国际协作的精神,因此,世界各国高等教育都认识到应重视培养在国际社会事务中能积极发挥作用的人。

这些情况说明,高等教育如果被片面作为社会经济技术发展的工具,忽视自身的整体目的和多种功能,便会引起不可避免的矛盾。这也证明高等教育的发展,不能持久地受外界某一方面制约因素的强行干涉。因此,高等教育目标单向适应必须转变,取而代之的目标是双向适应性。衡量教育发展的宏观指标一般从两方面来看:一方面是个性发展的满足程度;另一方面是社会需要的满足程度。高等教育目标双向性趋势的最终结果是使社会需求与个性发展两者协调统一起来。

1963年10月,以罗宾斯勋爵为主席的英国高等教育委员会发表了题为《高等教育》的报告书(又称《罗宾斯报告》)。报告书着重提到了高等教育目标中个性与社会两方面的需求、《罗宾斯报告》4个方面的高等教育目标。[①]

1.传授高水平的专业知识和技术

《罗宾斯报告》一开始就提出了高等教育的目的,指出:"在一般的社会分工体制下,相应地传授具有各种功能、任务的专业知识和技术。"从而达到满足社会需要的目的。罗宾斯委员会认为过去没有把这个目的摆在最重要的地位上。

2.高水平的一般教育

在高等教育中,"应当采用像强化促进各种一般精神力量那样的方法进行传授,其目的是不仅仅培养专家而且培养出有教养的人",以达到个性的一种提高进步。罗宾斯委员会又指出,即使在传授实际的技术、技能的情况下,只有培养"应用于解决各种问题的一般能力"才是"健全

---

① 国家教育委员会信息管理中心编:《教育参考资料》总69期,第40页。

的高等教育"。

3.学识和科学研究

在承认对科学研究与教育的关系以及高等教育在进行广泛研究时具有一定困难的基础上,罗宾斯委员会提出如下主张:"探索真理是高等教育机构的根本职能,而且只有当教育过程中具有发现的性质时才是有活力的。"

4.文化和公民涵养

提出"共同的文化和作为公司共同的基础教育的延续"。但这并不意味着把每个人都纳入一个相同的模式,只是提供"与家庭相协调,依存于健全社会的文化以及社会习惯的一般基础"。英国的《罗宾斯报告》,寻求教育结构与社会结构的契合,使教育与社会之间进入协调发展的良性循环,达到教育结构与社会人才需求结构有机结会。1985年5月英国政府向议会提出关于高等教育的政策讨论文件《面向20世纪90年代高等教育的发展》(也称《绿皮书》),文中也同样贯穿了个体与社会两方面都要协调统一的观点。《绿皮书》开头第一段就写道:"政府认为,我国的高等教育为国家经济的发展作出有效的贡献是必不可少的。政府决不低估教育和科学研究影响文化的价值。另外,在保持科学研究和教育的较高水平的前提下,政府也不低估丰富学生的生活,制订我国的道德、社会框架,为多种多样的就业,对学生施行人文社会科学价值的教育。"文中还写道:"许多国家作为英国的竞争者,现在已培养出比英国更优秀的科学家、工程师、技术专家、技师,政府对此极为关注。培养具有企业家精神的有才能的人才,支持他们在事业上获得成功的原因是因为经济繁荣需要这些科学家和技术专家的专门知识和技术、技能。如果现在状况还持续下去,必将使我国国民的生活水平和保持我国的文化传统和遗产的能力日益低下。"这表明了英国对高等教育中的个体与社会相统一目标的一种期望。

日本高等教育双向性目标初步形成于 1974 年 8 月。当时日本成立"临时教育审议会"，它不仅是首相直接过问的领导第三次教育改革深入发展的咨询机构的开始，也是采取高等教育目标双向性的开始。

1985 年 6 月发表的《日本临时教育审议会关于教育改革的第一次审议报告》指出："战后的教育改革时期，也是一方面强调尊重个性、提倡自由，而另一方面由于在复杂的社会因素下，没有能把尊重个性与提倡自由充分贯彻。"[①]审议会在报告中，根据目前的现状，为促进适应时代发展要求的教育改革，归纳出 8 条原则作为改革的基本指导思想，其中"重视个性的原则"则是教育改革中最主要的，它贯穿于其他各条基本原则，可见，发展受教育者的个性在整个教育改革的重要地位。《提高高等教育质量和发挥其特性》一文提出，高等教育结构"理应广泛地承担国民与社区居民的各种教育需求"，更明确提出高等教育要适应受教育者的个性。在 1986 年 1 月《日本临时教育审议会审议经过概要》之三中，设有专门一章讨论高等教育改革问题。这章分两节，第一节叙述了高等教育应如何符合国民的多种教育要求，而发展各有特点的灵活多样的大学。第二节主要讨论"高等教育的国际化"，论述了一系列国际化过程中值得注意的改革问题，为使日本高等教育国际化和高等教育科研水平达到国际水平，提出"通用性""交流性""开放性"3 原则，力图培养国际社会中的日本人。[②]

从日本颁布的两份报告可以看到：日本的高等教育正努力达到，第一，要尽量满足个性需要，发展丰富的个性；第二，要尽量适应复杂的社会，重视社会的多种需求，走出高等教育目标片面强调某一方面的困境。

苏联在 20 世纪 50 年代末开始了对"和谐全面发展"教育的追求。在 1964 年教学内容现代化运动中高等学校也进行了改革，高校希望通过采

---

①梁忠义主编：《战后日本教育研究》，江西教育出版社 1993 年版，第 243 页。
②梁忠义主编：《战后日本教育研究》，江西教育出版社 1993 年版，第 251 页。

取各种措施使学生掌握"高深和牢固的知识";同时,要求加强科研、教学、生产之间的联系,提高学生的专业水平和各种技能,适应科技进步和生产技术水平的提高。1984年4月,苏共中央和最高苏维埃通过《普通高校和职业学校改革的基本方针》,新的教育改革目的是使"每一个进入独立生活的年轻人都受过最现代化的教育,有高度的智力发展和身体发展水平,对生产的科学技术原理和经济学原理具有深刻的知识,并具有自觉的创造性的劳动态度"。另外,各种教育文件和书籍中,处处可见"人道主义""发挥人的积极性、创造性""学生个性的全面与和谐发展"等内容。这表明,20世纪80年代以后,苏联不仅重视学生知识的掌握、劳动技术的获得,学生内在个性发展也纳入了教育的内容中,真正做到了"综合施教"。

三、高等教育目标的未来导向

面对21世纪科学技术的发展与社会对人文教育复归的要求,人们发现最佳选择是发挥人文科学、社会科学、自然科学各自的优势和全面的功能,使它们在现代大学教育中发挥互补的作用,在学生身上产生综合的教育功能。这种现代人文教育与科学教育并重的目标,既是科学主义的,又是人文主义的。它以科学为基础和手段,以人自身的完善和解放为最高境界,从而促使人与自然、人与社会和人与人的和谐共处。其内涵可以借用《学会生存》中的一段话来说明:"……国际教育发展委员会认为基本的问题是:要使科学和技术成为任何教育事业中基本的贯彻始终的因素,要使科学和技术成为儿童、青年和成人一切教育活动的组成部分,以帮助个人不仅控制自然力和生产力,而且也控制社会力,从而控制自己,他的抉择和他的行为;最后,使科学和技术有助于人类建立一种科学的世界观,以促进科学发展而不致为科学所奴役。"[①]

---

①联合国教科文组织国际教育发展委员会:《学会生存》,上海译文出版社1979年版,第10页。

(一)科学教育是未来高等教育目标的基础

如果说 19 世纪被称为"科学世纪",20 世纪被称为"科学技术世纪",那么 21 世纪将是一个"高科技世纪"。现代科学技术正日益成为经济发展的决定性因素。1984 年 9 月,在英国科学技术促进协会第 62 次年会上,英国东英吉利大学化学学院院长弗雷泽教授在他的《科学教育的未来》报告中指出,展望 21 世纪,除非发生全球性的灾难,决定社会前进的仍然是科学技术的力量。①

如果说各国的政治、经济、军事等竞争实质上是科技竞争,那么,科技竞争的途径很大程度上取决于科学教育的竞争。这表明英国逐步改变了轻视科学教育的观念。1963 年,英国前首相威尔逊发表了历史性演说,呼吁英国要赶上科学革命时代。为此,英国在 60 年代重新组织和扩充了中等教育、继续教育和高等教育,其重点是加强科学教育。到了 80 年代,英国的科学教育状况和日、美等发达国家比较,仍有较大差距,很大一部分优秀中学毕业生不愿学习自然科学和工程专业,国家的科技人才明显不足。到 1985 年 5 月,英国教育与科学大臣,苏格兰、威尔士及北爱尔兰大臣向议会提出《20 世纪 90 年代英国高等教育的发展》的绿皮书,规定了 20 世纪80 年代后期及 20 世纪 90 年代英国高等教育的发展战略,其核心内容是加速发展面向 20 世纪 90 年代的科学教育。1986 年 7 月,英国议会又通过了由政府提交的《教育与培训并重》的白皮书,政府希望通过对各级各类教育的反思、收缩和改革,发展科技教育,特别是青少年的技术教育。这一点在中等教育、职业教育和高等教育的发展上均已得到充分体现。例如,1979 年以来,在大不列颠接受全日制高等教育的国内学生增加了8.5 万人,这些增长主要发生在多科技术学院与隶属地方的其他高等院校;部分时间制的大学生数增长了 7.2 万人,而多科技术学

①张碧辉著:《科学教育与科技进步》,江西教育出版社 1987 年版,第 64 页。

院和地方院校的增加数额就占了其中的 3/4 以上。此外,在大学及地方院校内攻读与自然科学相关专业的全日制学生的比例有所增长,在大学系统内增加了 3 个百分点,在地方院校系统内增加了 5 个百分点。[1]

日本战后的经济也主要是靠科技起家,靠教育立国。科学技术的发展在日本大体经历了几个阶段:20 世纪 50 年代的引进模仿阶段,20 世纪 60 年代的应用模仿吸收阶段,20 世纪 70 年代发掘头脑资源阶段。[2] 1973 年的石油危机后,日本更加重视资源小国的人力开发。1977 年日本科学技术会议发表的咨询报告《关于资源有限时代的科学技术政策》指出:科学技术一直是过去解决各种课题、建设现代社会的动力。解决当前面临的一些问题,开创新的未来,科学技术的作用也是极大的。日本在确立"科技立国"战略后,对教育提出了新的要求:[3]

第一,作为经济社会的长期发展战略,今后将以"科技立国"作为国家发展的核心,把科学技术力量作为国际竞争最根本武器。其他各项政策要服从于它的发展。教育担负着培养科技人才的使命,今后的目标是培养高层次、高水平的科技人员。

第二,为了适应科学技术、产业结构向高级化的发展,新技术革命中自立创新的程度提高,今后的教育要以培养独创性、创新性的科技人员为方向,对于过去适合于模仿型人才的教育制度需予以彻底的改革。

第三,根据科学技术瞬息万变的特点,教育内容要以不变应万变,重视基础知识的学习,另一方面为适应科技的新发展,使就业人员跟上时代的要求,必须使他们经常不断地接受教育,打破传统教育在时间和空间上对人的限制。

日本从 20 世纪 70 年代到 80 年代初兴起新技术革命后,在教育领域开展了大规模的科学教育活动,科学技术发展冲击着教育,教育适应科

---

[1]刘朝晖著:《挑战与应答》,山东教育出版社 1995 年版,第 479 页。
[2]梁忠义主编:《战后日本教育研究》,江西教育出版社 1993 年版,第 262 页。
[3]梁忠义主编:《战后日本教育研究》,江西教育出版社 1993 年版,第 416 页。

技的发展是一种必然趋势。

美国是 20 世纪世界上最重视科学教育的国家之一。"二战"后,美国常常审视自己的科学教育状况,并不断提出新的对策。国家教育优异委员会的报告书《国家在危急中:教育改革势在必行》是针对 20 世纪 60 年代和 70 年代美国教育质量下降的状况敲响的警钟,同时也为 20 世纪 80 年代美国的重大教育改革吹响了号角:"要优异,要质量,不要平庸。"美国政府在《科学技术 1982 年度报告》等文件中曾明确指出:"就质量而言,国家的教育制度必须培养出第一流的科学家和工程师","拥有世界上领先的大学——有能力培养最高质量的科学家和工程师的大学",这是发展美国科学技术的战略保证;[①]高等教育必须培养出第一流的人才来发现、发展新原理、新技术、新知识,满足国家建设与国防安全的需要,开创国家未来。[②] 1985 年,美国科学促进协会组织了几百名美国的科学、数学和技术领域各主要学科的知名专家、学者和部分教育实践工作者,组成美国科学技术教育理事会和 5 个学科专家小组,负责研究设计"美国2061 计划",目的是使美国的教育能够处在世界前列。1989 年 2 月,美国全国科学和技术教育理事会,出版了为美国科学促进协会拟订的《为全体美国人的科学:达到科学、数学和技术脱盲目标的 2061 计划报告书》(简称《2061 计划》),包括总报告和 5 个分报告,共计 40 万字。

《2061 计划》通过弥补现行科学教育、数学教育及技术教育中的缺失,为课程改革指出了方向。它以"少而佳"为原则,将数学、科学和技术学科作为课程的中心,把科学教育、数学教育和技术教育置于一种日常的、历史的背景上,强调其间的相互关系,旨在通过教育的研究和发展完成一种具有实效的科学教育、数学教育和技术教育的课程,增强美国公民的文化素质以及以科学理解力为核心的文化能力。《2061 计划》旨在

---

① 华中一著:《新技术革命与人才培养》,教育科学出版社 1984 年版,第 103 页。
② 王英杰:《美国高等教育的发展与改革》,人民教育出版社 1993 年版,第 224 页。

加强课程的科学内容以增进所有美国人的科学素养的改革,它计划分三步实现:第一步,制订方案,用 4 年时间,这项工作已于 1989 年 2 月完成。第二步,通过试点在美国全国示范,试点工程主要在组织新的课程,采用新的教学方式,培训教师,实验新的教学器材和现代技术,探索新的教学方法,为联邦和地方政府提供改革政策建议。试点试验已于 1993 年基本告结。第三步是关键,即从 1993 年开始,预计用 10 年左右的时间,集美国各科学团体、教育组织和机构及其他有关部门之力,通力合作,将试点试验的成果转化为全国性的教育实践。

《2061 计划》提出科学教育的目标是:"熟悉自然界,尊重自然界的同一性;懂得科学、数学和技术相互依赖的一些重要方法;理解科学的一些基础概念和原理,有科学思维的能力;认识到科学、数学和技术是人类共同的事业,它们的长处和局限性。同时,还应该能够运用科学知识和思维方法处理个人和社会问题。"[①]报告认为,科学教育不仅要使学生掌握科学知识以及形成相应的能力,同时还要使学生形成科学世界观,养成科学探索的精神,以及了解科学事业。这项报告确认,必须把"科学文化"(即把文化融汇于科学、数学和技术之中)作为"教育的中心目标",认为"不论出于何种考虑,美国没有任何事情比进行科学、数学和技术教育改革更为迫切"。[②] 为了实现计划中的目标,《2061 计划》在处理教学内容上采用两种新方法,第一是在每门学科的界限上,强调相互衔接;第二是在课程细节上,将主要精力转到学习概念和思维技能上。

(二)人文教育是未来高等教育目标的导向

科学技术的发展,极大地促进了生产力的发展,推动了社会的进步,提高了人们的生活水平,极大地更新和丰富了科学教育的内容,强化了

①国家教育发展研究中心编:《发达国家教育改革的动向和趋势》(第四集),1995 年,第 14 页。
②梁忠义主编:《战后日本教育研究》,江西教育出版社 1993 年版,第 3 页。

人们的科学观念。但同时科学技术进步掩盖了许多社会问题。人类正在利用先进的科学技术对天然资源进行无限制的挖掘，不仅带来了今天的资源危机，更给后人带来难以预测的灾难。类似的许多问题有的将随科技的进一步发展而改善，有的问题反而随科技的进一步发展而加剧，更多的则非科技本身的力量所能解决。那么靠什么力量去解决呢？从教育的角度讲，一个重要的方面就是人文教育。"人文教育之所以重要，是因为它告诉人们，人类的文明是怎样产生的；人类社会是怎样组织和发展的；人对自然、人对社会、人对他人、人对自己应该有什么态度；什么是正义，什么是邪恶？什么是高尚，什么是卑劣？什么应该捍卫，什么应该摒弃？总之，人文教育可以使人们了解世界，了解自己，了解人对社会的责任。"①这说明：有了一种高尚的情感，有了一种对社会的高度责任，有了对自我的正确认识，人类就可以在高科技下减少对自然的掠夺和征服，加强对环境的保护和生态平衡。

现代人文教育的复兴以及狭隘的科学教育受到诘难的深层次文化原因，在于西方社会对科学精神的片面理解与追求。结果作为传递、发展科学文化的高等教育受到这种文化精神的影响，只注重知识的传授，注重智力的开发，而忽视人文精神素质的培养，忽视道德教育。"对生活质量的追求必然会发展到文化方面，因为文化即生活的尊严"。② 人们日益强烈地意识到，必须确立一个以科学主义为基础、以人文主义为方向的完整的教育目标观，改变长期以来偏重于一方的做法。近 20 年来，联合国教科文组织大力促进科学主义和人文主义在教育内容中的平衡发展。1987 年出版的《从现在到 2000 年教育内容发展的全球展望》指出："联合国教科文组织的各项计划强调社会和人文科学的重要性和引入各项新内容的必要性（如有关生活质量和环境问题的教育，争取和平与人

①顾明远：《人文科学教育在高等学校中的地位和作用》，第二次教育与社会进步中外学者研讨会论文，1995 年。
②庄锡昌等编：《多维视野中的文化理论》，浙江人民出版社 1987 年版，第 235 页。

权的教育,等等,它们的教育功能已由当代各种世界性问题显示出来),从而对这种平衡性给予了特别的关注。"①"这种关注不仅反映出人们对保持教育内容均衡的注意,而且尤其反映出一种经验和信念的结果。这种经验和信念即是:使科学技术服务于进步事业越来越需要进行扎实的伦理和人道主义教育。可以说,我们在这里所关注的东西不仅是一种选择,而且也是对先前错误的反应。"②为人类的利益而造福的科学本身,它与人类的不幸和灾难并没有必然的联系,但是,科学力量的作用方向,却往往要取决于研究和利用它的人。这样,科学家以至所有利用科学技术的人的道德面貌和人文觉悟是至关重要的。在不少国家,通过限制科学在课程中的过大比重,使人文学科在教育中的地位有了很大提高。比如日本,在教育中增加了艺术教育的分量,甚至认为插花艺术对于今日日本的建设起着和计算机同等重要的作用。美国则认为,学校尤其要选择为人生建造知识大厦的永久基础的那些概念作为教育的基本内容。

(三)高等教育中科学教育与人文教育的整合

无论从理论还是从实际上看,科学教育与人文教育正在日趋融合,这一趋势代表了世界教育发展的方向。从前面的分析可以看出,科学教育和人文教育各有其合理的内核与现实价值。科学教育发展了人的智慧与知识,使人在征服、开发自然的过程中,体现人的价值。人文教育重视人性的完善,努力提升人的道德精神价值,使人理解人生的意义和目的,它在更大程度上体现了教育的本质和根本目的之所在。

1.科学教育和人文教育的整合,既是高等教育发展的内在要求,也是社会对高等教育的客观要求

科学教育和人文教育是构成完整教育所不可缺少的部分,它们各有

---

① 佩西著:《人的素质》,辽宁大学出版社 1988 年版,第 212 页。
② 佩西著:《人的素质》,辽宁大学出版社 1988 年版,第 171 页。

其价值,但又各有其局限性,抬高或贬低任何一方,都将造成人与社会的失衡。在现代,高等教育所承担的三大任务(传播高深学问、科学研究、为社会服务),只有通过科学教育与人文教育的结合方能得以实现。因此,从当今世界发展的现状、趋势及需求出发,必须坚持完整的教育,才能促进人与社会朝着符合人性的方向和谐、全面地发展。

"没有纯粹的技术教育,也没有纯粹的人文教育,二者缺一不可。"[1]当今越来越多的思想家和教育家都日益倾向于把教育看成是一个由科学和人文教育所构成的整体,只有这两部分教育相互结合、相互渗透、相互制约,才可能是一种"完整的教育"。美国圣母大学校长赫斯柏认为,完整的教育应同时包括"学习做事"与"学习做人"两大部分。"学习做事"必须接受科学教育,形成科学精神;"学习做人"必须接受人文教育,形成人文精神。爱因斯坦说:"只教给人一种专门知识、技术是不够的,专门知识和技术虽然使人成为有用的机器,但不能给他以一个和谐的人格。最重要的是人要借着教育得到对于事物及人生价值的了解和感觉,人必须对从属于道德性质的美、善有亲切的感觉,对于人类的各种动机、各种期望、各种痛苦有了解,才能和别的个人和社会有合适的关系。"[2]

2.高等教育中的科学教育与人文教育的整合

由于人类知识体系发展是不平衡的,科学产生于近代,而人文知识可以说从人类一开始就出现,导致了两种教育的不平衡发展、割裂以至彼此间的矛盾冲突。但从未来社会发展的需要和教育自身发展的规律来看,高等教育必须改革非此即彼的状况,达到科学教育与人文教育的整合。这里的"整合",是借用科学中使用的概念,从字义上说,"整合"类似于有机结合,高等教育中科学教育与人文教育的结合在本质上是指经过改造后的科学教育与人文教育的结合。

---

① 国家教育发展与政策研究中心编:《发达国家教育改革的动向和趋势》(第二集),1987年版,第105页。
② 刁培萼主编:《教育文化学》,江苏教育出版社1992年版,第75页。

英国学者斯诺强调的通过科学教育与人文教育的整合来促进科学文化和人文文化的整合，这对分析未来高等教育的发展趋势、阐明科学教育与人文教育整合的思想有启发作用。他认为，人文文化和科学文化，实质上是两种类型教育（科学教育和人文教育）培养出来的人所各自形成的文化。这两种文化之间存在着一个鸿沟。他指出："所有这一切只有一条出路，自然就是重新考虑我们的教育。"[①]而教育改革的重点则是要改变高等教育因过分重视科技发展而产生的过于专业化的倾向。

科学的发展以及由此带来的物质进步在总体上有利于人文主义的发展，人文主义的进步也有利于科学朝着符合人性的方向发展。科学主义与人文主义能够而且必须融合，已逐渐成为人们的共识。著名未来学家奈斯比特预测，21世纪将是一个高科技与高情感相互融合的时代，科学与人文的结合将是把世界引向21世纪的重要因素。当然，科学教育与人文教育的整合，绝不是两种教育的简单相加，也不是一个简单的比例关系问题；而是在高层次上的结合，这种结合是人文教育和科学教育的有机整合，它力图使科学人文化，使人文建立在科学的基础之上，以人的全面发展为最高目标，而以科学教育的发展作为基础和实现目标的手段。

---

①查·帕·斯诺著，陈恒六等译：《对科学的傲慢与偏见》，四川人民出版社1987年版，第25页。

第三章 高等教育的教学

一、高等教育教学活动的演变

教学是高等教育的主要活动之一。为了达到培养高级人才的目的，高校的教学活动十分复杂，而且有一个漫长的演变过程，下面从教学方法和教学组织形式两方面来探讨高校教学活动的历史发展过程。

(一)高校教学方法的演变过程

中世纪大学产生时，主要的教学方法是讲课和辩论，这是由当时的条件决定的。那时课本十分缺乏，而教学内容主要是神学、哲学等，因而讲课与辩论不仅是必要的，也是适用的。讲课的目的是传授知识。一些典范课本，例如亚里士多德的著作，教师必须朗诵给学生听，并加以解释。从那时直到今天，讲授法作为系统传授知识的基本方法，一直是一种极为重要的大学教学方法。辩论的目的是把知识付之于解决争论问题的实践。中世纪大学十分重视辩论，学生需要参加的辩论次数有明确的规定。在每周的大辩论中，教师和学生齐集于礼堂，由一名教师提出论题，其他教师和学生共同进行争论。辩论能促进对新概念的理解，提高消化新概念的能力，活跃教学气氛，因而直到今天，辩论或称做讨论的方法仍在大学教学中流行。

17世纪末至18世纪初，培根的唯物主义哲学和他倡导的实验科学不仅促使英国大学课程的改变，也使教学方法的发展成为可能。18世纪在德国，以哈勒大学的创建为契机，教学方法出现了相应的变化，一方面有系统的讲课取代了讲解典范课本的老形式;另一方面辩论不再具有以往的重要地位,大学研究班逐渐兴起。19世纪德国柏林大学的创立使研究逐步成为大学的重要职能,这样,以实验法为代表的具有研究性质的教学方法慢慢成为一种重要的大学教学方法。至于实习法,则是实用性科目进入大学课程后才成为大学教学方法的一种,它的重要性在1862年美国的农业和工艺学院兴起后才逐步显现出来。这样,实验法、实习法和讲授法、讨论法一起,构成了大学教学方法的主体。

(二)高校教学组织形式的演进过程

西欧中世纪大学诞生之初,基本上都是独科大学,如波伦那大学开始时只有法科,萨莱诺大学只讲授医学。其后大学有所发展,但整个中世纪时期大学仅有四个学院:神学院、法学院、文学院、医学院。大学的结构简单,职能单一,即只传授知识,课程较少,因而,所有课程都是必修的,并以学年作为组织教学的单位,修业年限一般为4～7年,这就是学年制的雏形。必修课、学年制在相当长时期内统治着西方的大学,几乎所有的大学,包括牛津大学、剑桥大学、巴黎大学等,都采用这样的制度。19世纪初,美国哈佛大学吹响了课程改革的号角,"固定的学年"和"固定的课程"受到冲击。1841年,在校长昆西的支持下,哈佛大学正式实行选课制,允许学生自由选修课程。但由于遭到保守教授的阻挠,改革受到一定影响。1869年,埃利奥特担任哈佛大学校长。在他的领导和推动下,哈佛大学全面实行选课制。1874～1875学年,除修辞学、哲学、历史和政治学之外,在二、三、四年级实行选课制。1883～1884学年,一年级也实行了选课制,选修课占该年级课程总量的60％。1895年,只有英语和现代外语仍为必修课,其他均为选修课。美国其他大学纷纷仿效哈佛大学,减少或废除必修课,增加选修课。选课制的影响逐渐超越了美国,成为现代世界范围内一种重要的教学组织形式。

彻底的自由选课制也有缺点，即不易掌握严格的标准，保证教学质量。1914年，在校长洛厄尔的推动下，哈佛大学实行"集中与分配"制。所谓"集中"，是指学生必须从16门可供选择的课程中选修6门本系的专业课，以保证重点；所谓"分配"，是指另外的6门课要从3个不同的知识领域中各选2门，以保证学生具有比较广泛的知识面；余下的课任学生自由选择。这种制度既保证专业课学习的深度，又能扩大学生的视野，也可给学生的个人爱好留下适当的余地。其后，选课制的形式逐渐多样化，并与必修制进一步有机结合起来，形成今天大学课程组织的基本模式。

随着选课制的实行，以必修制为基础的学年制不适合需要了。1894年，哈佛大学出台了新的学士学位授予标准。每门课程都被赋予一定的学分，修满规定的学分即可毕业，这就是学分制，学年制逐步被淘汰。在哈佛大学的影响下，到19世纪末20世纪初，美国的大学普遍实行了学分制。今天，发达国家的大学教学几乎都采用学分制来组织管理。

中世纪大学的教学大量采用讲座的形式，如波伦那大学的法学讲座、巴黎大学的神学讲座等。1809年，洪堡在德国创办了柏林大学，把"教学与科研相结合，以培养学生的研究能力"作为办学原则，提倡"教学自由""学习自由"。在组织教学时，教师有权决定开设哪些课程、讲授什么内容、从事哪方面的研究以及挑选哪些学生入学、规定校纪等，学生则有权选择学科方向，决定自己学习的课程和毕业论文的题目，而学校对学生学什么和怎样学不作严格的规定。教授的权力很大，他挑选年轻教师作为自己的助手、选择学生、决定课程与研究方向、掌握经费等，这就是现代意义上的讲座制。讲座制曾在世界范围内对大学教学产生了很大影响，但目前已逐渐被淘汰，只有日本的部分大学还实行讲座制。

英国牛津大学创建不久，为了照顾贫穷的学生，建立了供贫穷学生住宿的学院，以后学院逐渐成为师生共同学习、共同生活的场所。16世纪以后，由于私人捐赠主要流向学院，而且一些新成立的学院在经费上独立,因此学院的势力上升,成为具有独立性的实体,一个学院实质上是一所独立的大学,它们选举自己的院长,制定规章制度,组织教学。大学的许多官员来自学院,在经费上依赖富裕的学院,这样,原来的大学近乎名存实亡,各个学院取代了大学。这就是英国独具特色的学院制。

与学院制紧密相联的是导师制。导师制据说是 15 世纪初创办"新学院"的威廉·威克姆所首创。任何人想进牛津大学读书,必须得到某一个学院以及大学当局的同意。录取后,新生到一个学院报到,学院当局就给他指定一位导师。导师是学生所选科目的学者,他不仅要指导学生的学习,还要负责他的品德培养。导师协助安排学生学习计划,指导他如何取得进步,并注意他的品行发展。学生每周必须到导师那里去谈话至少一次,这种谈话叫"个人辅导"。牛津大学的学院制与导师制对其他国家的高校教学产生了比较广泛的影响。

美国大学在 1850 年以前,规模都比较小,常常仅设一种或少数专业。南北战争后,社会需要和科学发展促使大学扩充,因而大学中增设较多的学院,编制日趋复杂。大约 1875 年以后,原有的学科分化的结果便是慢慢地出现系的组织,办法是把有关学科归于一系列教授,如希腊语系、拉丁语系、英语系、历史系、数学系、物理系、化学系、生物系等。到 1890 年时,规模较大的大学大都如此。随着知识进一步增加和学科进一步分化,新增的系越来越多。结果一些规模大的系升格为学院,如文学院、理学院、工学院、教育学院、农学院、医学院等。到 20 世纪初,美国的大学基本上都采用校、院、系三级的管理体制,系成为教学组织的基本单位。美国大学的这一模式对其他国家产生了重大影响,目前,发达国家的许多大学都采用这样的教学组织与管理体制。

以上简述了高校教学活动演变的历史,目前高校教学活动仍在变化之中,例如,正在有些国家的大学采用"系"的组织形式时,美国的一些大学却力图抛弃这一概念。英国苏塞克斯大学、日本筑波大学采用的学群、学类制等,也是对大学教学活动新的探索。学分制起源于哈佛大学,而据 1986 年 4 月 15 日《中国教育报》报道,哈佛大学为了加强基础课程的基础训练,已取消了学分制。可见,高校的教学活动时刻处于不断的改革之中。

二、大学的教学方法

教学方法是教学理论和实践的基本问题之一,是教学过程中不可或缺的因素或组成部分,在大学的教学过程中具有重要的意义,也是目前高等教育改革的重点与难点之一。现就教学方法的理论与实践阐述几个问题。

(一)大学教学方法的特点

所谓教学方法,是指在教学过程中师生双方为了完成教学任务、实现教学目的而共同进行认识和实践活动的途径、手段和活动方式的总和。大学的教学方法是整个教学方法论体系中的一个分支,它既具有一般教学方法的共同特点,又具有自身的特色。与中小学基础教育不同,大学属于专业教育阶段,它在培养目标、教学任务、教学内容、教育对象等方面与中小学有明显的不同,因此教学方法也具有自己的特点。这种特殊性表现为:

1.教与学关系的变化

大学教学中,教师教的成分逐渐减少,学生自学的比重则逐渐增加;大学教学方法与其说是教课的办法的优化组合,不如说是教师对大学生的学习与研究活动的系统指导。

2.教学方法与研究方法的渗透与结合

大学教学不仅要传授具体知识,而且要使学生掌握学习方法与研究方法,使学生具备主动地独立地进行研究、探索的习惯与能力。这就使大学教学方法中主动探究的因素增多,被动接受的因素相对减少。

3.侧重实践环节

大学教育与就业直接相连,教学方法必须服务于学生的就业能力,因而比较侧重实践环节。教师不仅要组织学生实习并参加其他的社会实践活动,而且在课堂上也较重视实验技能、口头与书面表达能力以及专业技能的训练。

大学教学方法的这些特点,决定了它与中小学的教学方法有很大不同的内涵,这是大学教师在教学过程中必须注意的。

(二)制约大学教学方法的因素

制约大学教学方法的因素十分复杂,按照与教学过程之间的关系和影响的方式,可以分为外部因素和内部因素两个因素群,下面分别加以说明:

1.外部因素

制约大学教学方法选择的外部因素主要包括三个大的方面:①教育技术发展的水平;②经济、政治制度;③文化传统。

教育教学技术是随着科学技术的发展而不断发展的,教育教学技术的进展对大学的教学方法产生了深刻的影响。首先,它使一些传统的教学方法逐渐被淘汰。教学技术的发展使教师在选择教学方法时有了更大的自由,可以用新的、效果更好的教学方法取代那些传统的、效率不高的教学方法,如有些实验法可能部分地被高水平的直观录像演示所替代、现场操作被模拟方法所替代等。其次,它能提高一些传统教学方法的效率。同样是讲授教学方法,使用一定的电教辅助手段比使用粉笔效率要高出许多倍;同样是演示教学法,高效率的电影、电视、录像设备,其效率显然要比低效率的幻灯要高,而且效果较好。再次,新的教育教学技术能够催化出新的教学方法,程序教学方法的出现就具有典型意义。再如,模拟教学法是随着计算机技术应用于教学中而产生的,暗示教学法是由于教育学吸收了心理科学关于潜意识的研究成果而诞生的,等等。新的教学方法的产生使教师在选择教学方法时有了更大的余地,也使教学方法体系自身不断地得到充实、完善。

经济制度以及发展水平对教学方法有着直接或间接的深远影响。一方面它制约着教学方法的硬件,在经济落后的国家,大学中计算机、电影、电视等设备供应不足,以这些设备为基础的教学方法就无法运用;另一方面,经济体制通过上层建筑而对人的观念起作用,教师与学生亦不例外,这对教学方法的选择有着潜移默化的影响。市场经济和计划经济体制下大学教师及学生的观念差异是明显的,毫无疑问这影响到大学课堂上的教学方法。政治制度同样默默地影响着教学方法的选择。法西斯独裁政治在大学中也实行独裁统治,主张完全采用强制的方法,几乎排斥了一切协商式的、讨论式的方法。而民主制度本身就反对单向注入式而以民主讨论作为其达到意见一致或相互协调的手段。一般说来,政治体制对教学方法的影响是间接的。

文化传统对大学教学方法的选择也起着广泛的制约作用,而且这种作用比较微妙,它有时影响到对教学方法的选择,有时影响到对所选择的教学方法的理解和运用。例如,人本主义与科学主义在教学方法选择上就显示出明显的差异,程序教学方法是科学主义所提倡的,而人本主义则认为这种方法会扼杀人的创造力,也不符合人的本性。一般地讲,与政治、经济体制一样,文化传统对大学教学方法的影响也是间接的。

2.内部因素

影响教学方法的内部因素主要包括教学目标、教学内容、教学规律、教师的素养、学生的个体差异等,下面简单地加以论述。

教学目标是选择教学方法所要依据的最重要的因素,因为一定的教学方法是为一定的教学目的服务的。有时为了达到某个教学目标,常常需要几种教学方法的优化组合,仅靠某种教学方法效果往往不理想。为了有效地指导教学方法的选择，需要把概括程度高的教学目标加以解析，使目标本身具有可测性，就是说，要把笼统的专业培养目标层层分解，直到每个单元、每节课的教学目标。只有这样，具体的教学方法的选择才能和教学目标对应起来。

教学内容是制约教学方法的重要因素，不同的学科、不同的教学内容需要选用不同的教学方法，这是因为：第一，教学过程主要是一种认识过程，而不同的认识对象有不同的运动规律，因而要采用不同的方法；第二，不同学习内容本身的特点不同，教师在传授它们时不能采用相同的教学方法。例如哲学多采用讲授法，社会学多采用社会调查方法，数学需要用演示法，化学则常用实验法。对某门学科合适的教学法对另一门学科则不一定适用，这是由教学内容的特点决定的。

与其他活动相比，教学过程有自身的规律，它是师生共同参加的双向活动，是一个循序渐进的认识过程，是理论与实践需要密切配合的过程。因此，大学的教学不仅要注重知识教学，而且要激发学生的学习动机；不仅要传授新知识，而且要复习有关的旧知识以利于学生的认知结构重新达到平衡；不仅要注重课堂上的理论教学，而且要重视实验、实习等实践活动，这些决定了大学的教学要综合运用讲授法、发现法、讨论法、实验法、实习法等教学方法。教师对教学过程规律的认识制约着他对教学方法的选择与运用。

教师是选择和运用教学方法的主体，教师的素质和个性对教学方法的选择具有直接的、重要的影响。显然，一位懂得教育教学理论，且又乐于在教学实践中不断探索有效的教学方法与途径的教师和不熟悉教育教学理论、单凭热情教学的教师相比，其教学效果肯定要好得多。另外，教师的个性对教学方法的选择也有影响。所谓个性，是指教师在个性心理特征的基础上所表现出来的教学风格、对不同课堂气氛的好恶、与学生的亲疏程度等，这些对教学方法的运用也有明显的影响。例如，一个善于和学生交往的教师在使用讨论法时,就会比一个很难与学生融洽相处的教师收到更好的效果。

学生是学习的主体,教学方法能否收到预期的理想效果,关键是它是否适合学生的能力、兴趣、动机以及个体差异等,例如,自学能力较强的学生显然比自学能力差的学生更适用发现法。心理学对大学生的兴趣、能力及个别差异等都有较深入的研究,这些成果应成为教师选择教学方法的根据之一。

上述影响教师选择教学方法的因素之间的关系非常复杂,目前还没有建立起一种最佳的选择教学方法的模式,但是,毫无疑问,教师在选择、运用教学方法时,应综合考虑以上因素,以达到最优效果。

(三)大学常用的几种教学方法

1.讲授法

讲授法可以说是大学教育中的基本方法。在日本,大课堂教学一般采用讲授法,即使是规模较小的讲座制教学,讲授法也占有重要地位。法国大学第一阶段即大学一、二年级的教学也主要采用讲授法。讲授法在德国的大学教学中也占有重要地位,讲授课在各大学的课程中均占有一定的比例,工科院校讲授课时大约占理论教学总时数的 55%～60%。据卡内基教育促进基金会调查的结果,美国大多数的大学教师都比较喜欢讲授的方法,很少有例外,一节课 45 分钟或 50 分钟的绝大部分时间都由老师来讲。英国的大学教师也比较喜欢讲授法,实际上,讲授法是英国大学中的基本教学方法,如表 3.1 所示。

在古代的大学中,由于书籍缺乏,讲授法自然而然地成为主要的教学方法。但在现代多种新的教学技术设备纷纷进入大学课堂的情况下,讲授法仍不失其作为基本的教学方法的地位,这是因为讲授法有其显著的优点。首先,讲授法有利于系统地传授知识,通过系统的条理清楚

表 3.1　英国大学本科生每周平均教学时数(1961～1962 年)(小时)

		讲课	大组讨论	小组讨论	导师指导	实践	其他	全部教学时数
学部	社会学科	6.8	0.1	0.8	0.8	0.6	0.4	9.5
	人文学科	7.0	0.8	1.0	0.8	0.6	0.2	10.4
	理科	8.3	0.3	0.2	0.5	7.8	0.3	17.4
	应用科学	10.8	0.6	0.1	0.3	6.9	1.3	20.0
	前临床医学	8.0	0.8	0.3	0.2	12.1	0.2	21.6
大学类	牛津、剑桥	6.3	0.2	0.2	1.6	2.4	0.3	11.0
	伦敦	7.8	0.9	0.7	0.4	5.2	0.7	15.7
大城市大学		8.2	0.6	0.6	0.3	5.4	0.6	15.7
小城市大学		7.8	0.6	0.6	0.4	3.1	0.3	12.8
威尔士		8.5	0.4	0.6	0.4	5.2	0.5	15.6
苏格兰		9.6	0.7	0.4	0.2	5.5	0.6	17.0
学年	第一年	9.1	0.7	0.6	0.5	3.9	0.7	15.5
	其他年	8.2	0.5	0.4	0.5	4.7	0.6	14.9
	毕业年	6.7	0.6	0.5	0.7	3.0	0.4	11.9
全部本科生		8.1	0.6	0.5	0.5	4.6	0.5	14.8

注:(1)导师指导:1～4 名学生;小组讨论 5～9 名;大组讨论 10 名以上学生。

(2)大城市大学(Large Civic Universities):伯明翰,布里斯托尔,利兹,利物浦,曼彻斯特,纽卡斯尔,诺丁汉,谢菲尔德;小城市大学(Small Civic Universities):达勒姆,埃克塞特,赫尔,基尔,莱斯特,雷丁,南安普敦,苏塞克斯。

资料来源:转引自徐辉:《英国大学以导师制为核心的教学方式初探》,载《高等教育研究》,1985 年第 2 期。

的讲授,教师可以把课程基本的知识结构清晰地呈现给学生;其次,讲授法是一种经济实用的教学方法,它对教学设备无特殊的要求,教师容易掌握、实施;最后,讲授法有利于大面积培养人才,教师既可以在班级规模较小的情况下使用讲授法,也可以在大规模的班级运用它,例如,日本大学的大课堂教学,教师有时对着多达 200 多人的学生讲课。无论从时

间还是从空间上来看,讲授法都是一种经济、有效的教学形式。在英国某学院曾对教学法进行比较,其结论如下:

"对于辅导教师来说,班级的大小是跟教学的经济学有连带关系的。同样一个课题,如果用讲授法讲授,每生每次只需 0.05 小时(假定一班 60人);用小组讨论的形式每生每次则需 0.3 小时(每组 12 人);用实习作业的形式每生每次需 0.33 小时(每组也为 12 人)……这些估计是可靠的,因而我们可以强调指出,对于师生双方来说,讲授法比实习课和小组讨论课都经济些。"[1]

讲授法虽然具有上述长处,但其缺陷也是明显的,表现为:①讲授法本质上是一种单向性的交流方式,不利于激发学生的兴趣。讲授法主要依靠教师的讲,学生在大部分时间里只是听课、记笔记,很少有思考和提问的机会,这种被动的学习会养成学生的惰性,若教师讲课的质量不高则效果更差。被动式的教学是讲授法最主要的缺点,也是它受到批评的重要原因。②讲授法难以贯彻因材施教原则。由于讲授法进行的是集体教学,教师在讲课时采用统一教材、统一要求,以同样的方法来授课,因而不能充分照顾学生的个别差异。③讲授法无法使学生直接体验知识和技能。讲授作为一种语言媒介,无法给学生提供最直接的感性认识,只能促进学生想象和思考。这一缺陷有时会给学生理解知识、应用知识造成困难。

讲授法能否成功,关键依赖教师。教师首先要认真备好课,不仅要清楚每节课的教学目的,而且要对教学的内容烂熟于胸,并处理好教学内容的深浅、多寡、抽象与具体等关系。在讲课过程中,教师必须注意口头表达准确、生动、风趣、声音洪亮、口齿清楚,板书准确、简洁、快速、美观,并注意运用非口头言语的交流;另外,还要随时注意学生的反馈,注意讲授法与其他教学法的综合运用等。除此之外,教师还必须深入了解

①[英]露丝·比尔德著,陈友松等译:《高等学校教学法》,春秋出版社 1988 年版,第 101~102 页。

学生,这是讲授法能否成功的重要保证;再者,大学讲授的内容庞大,进度较快,讲授与自学并重,讲授内容具有一定的探究性,这些都是不同于中小学的特征,对教师讲授的技巧提出了更高的要求,这也是教师应加以注意的。

2.讨论法

讨论法在现代大学教学中也占有重要地位,是一种常用的教学方法。近年来,利用小组讨论进行教学已经是英国大学里司空见惯的方法,据调查,英国大学生几乎全都欢迎小组讨论,另外,由于有些系的学生越来越多,教师就希望通过小组教学跟学生保持接触。但是,根据伦敦大学的一次调查,不是所有的教师都重视讨论法。在日本讲座制的教学中,讨论法是常用的教学方法。德国素有学习自由的传统,学校对于学生是否到校听讲授课没有严格的要求,但对讨论课却有严格的规定,学生不得无故缺席。美国大学教学不仅普遍运用而且大力提倡课堂讨论,教师通常把学生参加讨论的情况作为学期评分的一个重要方面。总的来说,西欧和北美的大学授课时数较少,而且在有限的讲课中大量使用讨论教学。总之,在大学教学中,讨论法的地位仅次于讲授法,具有其他教学方法难以替代的作用,在大学高年级以及社会科学理论课程的教学中应用尤其广泛。

讨论法能得到广泛运用是因为它具有独特的优点。和讲授法相比较,讨论法虽然比较费时费力,但是它能使师生保持比较直接和亲密的接触,有利于调动学生学习积极性,有利于师生之间的交流与反馈,并且能较好地使学生的思维能力、表达能力得到锻炼。讲授法主要用于系统地传授知识,而讨论法则通常用来达到下述教学目标:

第一,通过讨论来解决难题。尽管有老师的详细讲解,但学生在学习中肯定会碰到许多难题,而且不同的学生有不同的问题。通过布置疑难的问题,教师可以利用讨论法来诱发学生暴露他们的难题,并加以分析,帮助学生解决这些难题,这会促进学生对教学内容的理解。

第二,通过讨论教学生如何解决问题。利用讲授法教学,学生学到的只是现成的知识,而不清楚知识获得的过程。而通过讨论,教师可使学生学会如何使用科学论著,如何查阅文献,如何发现问题、分析问题、解决问题。这样的训练显然有利于激发学生的探索精神、批判精神和逻辑思维能力。

第三,通过讨论发展学生的综合概括能力。教师讲授的知识都是经过精心组织的,是系统的、概括的,而讨论的问题则无固定模式和现成答案,讨论法要求学生必须独立思考,自学教材,自己进行加工、整理,并且运用自己的语言进行总结,同时还要发现、评价、判断对方论据的可靠性和论证的逻辑性,这对发展学生的综合概括能力很有好处。

第四,通过讨论发展学生的口头表达技能。心理学研究成果表明,与书面语言一样,口头语言与智力的发展也有密切的正相关关系。在讨论中,学生不得不运用口头语言来组织、表达自己的思想,批驳他人的观点,并运用各种讲话技巧,这是对发展学生的口头表达技能做出的极大贡献。而在讲授法中,学生发言的机会很少,无法达到这一目标。

讨论法能否成功,首先与班或小组的规模有关。班级讨论规模以20～30人为宜,小组讨论以5～15人为宜。经验表明,小班(组)讨论效果较好。

在实施讨论的过程中,教师首先要提供合适的讨论课题。一般说来,讨论题应有代表性、启发性,难度要适中。讨论之前,无论师生都要进行充分的准备。对教师来说,要认真研究讨论的教材,明确要解决的问题及其正确答案,设计讨论的进程等;对学生来说,要领会讨论题的意义和要求,查阅有关文献,阅读有关书籍,深入思考,提出自己的看法并整理成发言提纲。

在讨论的过程中,教师要利用自己的经验与能力来精心组织,首先应提出讨论要求,创设讨论气氛;然后要注意合理引导讨论进程,适时呈现正确结论;最后还要评价讨论质量,对每个学生发言的情况作出分析,作为评定学生成绩的参考。

3.实验法

实验法是在教师指导下,运用实验手段,让学生观察自然现象的变化状态,从而获取感性知识,加深或扩大知识的广度与深度,培养学生科研能力和科学精神的教学方法。自近代自然科学诞生以来,自然科学的研究与发展就走出了纯思辨研究的樊笼,实验法成为自然科学研究与教学的常用方法。今天,实验法在理工科大学的教学中得到普遍运用,实验课在国外高校一般占15％～20％。在英国理工科大学里,实验课占的比重很大,一般为总学时的1/3,而且主要由学生独立去作。法国的大学也很重视实验课教学,课上人数不多,指导教师大部分由助教担任,但有些教授和讲师也亲自给学生上实验课。日本的大学近年来加强了实践教学的薄弱环节,大力提倡实验课程。从世界范围内来看,实验法是理工科大学教学中不可或缺的一种方法。

从理论上讲,实验法的存在有其理由。大学不仅要传授知识,而且要培养技能,理工科的学生尤其需要具备动手的技能。技能包括非符号的信息,必须通过知觉运动的学习来获取,因而必须运用实验法。

实验法的教学目标包括熟悉设备仪器,培养实际技能,养成精确观察的习惯,提高科学的研究方法,评价研究结果,学会作观察记录以及报告研究结果,等等。对于有些教学目标运用实验法是存在着争议的。例如,大部分人认为实验教学应促进理论与实践的结合,但是,有些教师事先把实验的过程、步骤与结果都告诉学生,实验只是验证的过程,无法把理论与实践有机结合起来。相反,有些学生在独立作实验的过程中发现了一些新现象,却无法用理论加以解释。因此,这一目标受到了质疑。英国的马丁·杰普森于1967年曾说过:"我们一向以我们的生化课程与实验作业之间的紧密联系而感到自豪——从来没有要求过学生去作以前课程中没有讲过的实验。后来我们认识到这种做法对所有有关的师生来说是多么可怕的乏味——没有独创性的活动余地,也没有经久的实验程序,没有结合现实,最重要的是,整个课程得不到学生的反馈。于是我们就放弃了这种办法。必修的生化实验课被砍去一半……"。①

从国际上看,发达国家的大学强调实验教学要着重养成学生的科学研究习惯。英国的一些大学改变了过去的观念与做法,改为自由实验和研究设计。日本大学的实验课不仅要求学生自己动手进行实验操作,而且还强调学生自己设计实验。美国大学的实验课要求学生自己设计实验、自己选择测量技术和设计评价实验结果的程序,近年来还强调通过实验有所发现。例如,麻省理工学院旧的教学计划把实验课归属于理论教学,而新的教学计划则认为实验课具有研究性质,一些实验实际是小科研课题,目的是引导学生较早参加科学研究活动。这在一定程度上代表了国际上大学实验课的变化趋势。

组织实验课包括组织安排学生、选择实验项目、编写实验教材、准备实验条件等环节。实验课能否成功,首先取决于教师的知识、能力与经验,其次取决于教材内容,再次还取决于学生的状况和实验设备的状况。教师只有全面把握以上因素,才能充分发挥实验法的长处,达到预期的目的。

4.实习法

实习是大学教学中一种独立的教学方法,与其他教学方法相比,它具有如下特点:

首先,在实习过程中,学生直接参加生产或工作过程,实习的一切目的都要通过实践活动来实现,因而具有实践性。

其次,实习是对学生的知识、能力、思想的综合训练,因此具有综合性。

再次,学生是实习活动的主体。在实习过程中,虽然有教师的指导,但学生必须作为一名工作人员独立承担任务,因而是各种教学方法中独

---

①[英]露丝·比尔德著,陈友松等译:《高等学校教学法》,春秋出版社1989年版,第158页。

立性最强的。

最后，在实习过程中，学生在思想状态、知识能力及实际工作状况上表现出比校内课程教学中更明显的差异性。

实习既能锻炼学生的实际工作能力，又能检验学生的学习水平。对学校来说，实习是检验教育质量的重要措施，是加强同社会联系的重要渠道，因而它是一种不可替代的重要教学方法。在对学生的能力要求日益提高、大学的服务功能越来越重要的时代，实习也愈来愈受到重视，尤其是在理工科大学。加强联系社会实际是美、英、法、德、日等发达国家大学改革的共同趋势，在这些国家大学的教学计划中，实习都占有一定的比例，在理工类大学中的比例更高，表3.2以英、美、法为例加以说明：

表3.2　英、美、法一个专业的实践教育所占比例

国别	专业	实践教育所占比例（％）
英	萨尔福大学化学与应用化学	47.5
美	麻省理工学院土木工程	10.1
法	里昂应用科学学院	14.1

资料来源：华东师大外国教育研究所编：《外国高等教育参考资料》（内部发行），华东师大出版社1981年版，第321页。

德国的大学也十分重视实习。在工科院校，每个学生都必须完成26周即半年的生产实习。德国大学把实习分两个阶段进行，前三个月称为基础实习，一般在入学前或大学第一阶段进行；后3个月称为专业实习，在第一阶段结束后进行，这是它的特色。日本的大学与企业合作推行"产学合作"体制，其目的也是要加强实习教学。与其他国家相比，日本的企业在实习教学中发挥了更大的作用。

实习要想收到预期的效果，首先要实施正确的指导。实习指导要全面、周密，要因材施教。其次，在实习过程中要充分发挥实习生的独立性与创造性，这是实习成败的关键。最后，建设合适与稳定的实习基地也是实习成功的重要保证。

5.发现法

发现法实质上是一种独立学习的方法。它是指学生运用教师提供的教材进行"再发现",以掌握知识并发展创造性思维的教学方法。它的基本过程是:掌握学习课题—制订设想—提出假设—验证假设—发现和总结。

发现法兴起的时间虽不算长,但它也有比较久远的历史。一般认为发现法起源于法国启蒙思想家卢梭,他在《爱弥儿》中指出:"至于我,我是不想教爱弥儿几何的,相反地要由他来教我;由我寻找那些关系,而他则发现那些关系,因为我在寻找那些关系时,采用了使他能够发现那些关系的方法。"实用主义教育家杜威认为教学应是学生自己去发现知识,他的思想对当代发现法的兴起产生了重大的影响。而当代大学对发现法的重新关注与研究则应归功于美国心理学家、教育家布鲁纳,他认为发现不仅限于寻求人类尚未知晓的事物,实际上,它包括用自己的头脑亲自获得知识的一切方法。布鲁纳进一步把发现法的优点概括为4点:①有利于发挥学生的智慧潜力。②有利于提高学生的内部学习动机。发现法可以让学生亲自发现事物的关系和规律,从而使学生产生兴奋感、自信心,激发对学习的兴趣。③能有效地培养学生提出问题、解决问题的能力并端正创造发明的态度。④发现法要求学生自己把知识系统化、结构化,所以能促使学生更好地理解、掌握并保持所学内容,也能更好地运用所学知识。

与讲授法、讨论法等相比,发现法是一种新兴的教学方法,它对改革传统教学方法具有积极的意义。然而,发现法对教材的要求很高,对师生的要求也近乎苛刻,不易成功。更重要的是,它在理论上还不完善。因此,各国大学虽然都在积极地试验并推广发现法,但它目前还不是一种基本的教学方法。

除发现法外,近年来还出现了一些其他的教学方法,如程序教学法、问题教学法、案例教学法等。需要指出的是,要达到教学目的,教师需要根据具体的教学目标、教学内容，综合运用各种教学方法，以获得最优效果。在这方面没有现成的模式可循，教师必须视各种具体情况，灵活运用各种教学方法。

三、大学的教学组织形式

教学组织形式是教学过程中的一项重要因素，它不仅与课程有密切的关系，而且也制约着教学方法的选择、教学手段的使用，可以说教学组织形式直接影响着教学系统的效率与质量。本节拟针对大学教学的实际情况谈三个方面的问题：学年制与学分制，选科制，学院制、系科制、讲座制。

（一）学年制与学分制

学年制与学分制是院校层次的教学组织形式，在某种意义上也是教学管理形式。所谓学年制，就是以学年为单位来组织教学，或者说是以学年为时间单位计算学业成绩的一种教学管理制度。它的特点是所有的学生在同一时间内按相同的教学计划学习同样的课程，学期结束时，只要考试及格，学生就算完成了学习任务。很明显，学年制统得过死，很少能考虑或照顾到学生之间在性格、才能、兴趣、主观努力程度方面的差别，许多学生同一个专业、同一个教学计划、同一份课程表、同一个培养模式，这样的形式适合于批量生产，容易导致忽视学生的主动性与差异性，把学生当作物品看待。院校自命为真理掌握者，学生在教学过程中的权利、自由都极少，个性也就不易得到发展。这是学年制最大的缺点。当然，学年制也不是一无是处。例如，当社会急需大量的、规格相差不大的专业人才时，学年制就显出了优势，它比学分制更能满足这一需要。

学分制是以学分为单位组织教学的形式，或者说，学分制是以学分作为计算学生学习分量的单位的一种教学管理制度。一般地说，凡需课外自习的课程，以每周上课 1 小时，续满一学期并经考试及格者为 1 学分；无需课外自习的课程（如实验、实习等），则以每周上课2～3小时为1学分。学生只要读满一定数量的学分，就可以毕业。与学年制相比，学分制具有以下优点：

首先，学分制有利于照顾学生的个体差异，有利于学生的个性发展。在实行学年制的情况下，学生不到规定的年限不得毕业，这样，学习成绩好、时间抓得紧的学生就会被耽误，而学习差的学生也被要求在规定的时间内毕业，他们会感到压力重，学习吃力。若实行学分制，不同情况的学生在毕业时间上就可以拉开适当的距离。例如，一所大学规定本科生修业年限为4年，若实行学年制，则所有的学生都必须读完4年且只能读完4年才能毕业。实行学分制情况就会不同。假设该大学设总学分132个，一个正常的学生一学期修16～17个学分，一学年修33个左右的学分，4年修满132个学分，经考核合格即可毕业。如果一名学生学习努力，且成绩突出，每学期修22个学分，每学年修44个学分，3年即可修完全部规定学分，提前1年毕业。学习差或由于某种客观原因不能按正常进度学习的学生，则可少修若干学分（如每学期13个学分），适当延长毕业时间（如5年）。

其次，学分制更有利于建立平等的师生关系。学年制本质上是一种硬性管理的做法。学生在学什么和怎么学的问题上既没有自由，也不负任何责任。这种形式以这样的假设为理论基础：只有教师最了解、最懂得学生应该学什么、怎么学，院校所设置的课程和教学计划对某一专业所有的学生都是适用的。实际上，这样的假设在很多情况下不正确。大学生不同于中小学生，他们已经比较成熟且日趋完善，没有理由剥夺他们应拥有的权利与自由，也没有理由武断地不让他们负起应有的责任从而不利于他们的成熟与发展。对于自己的学习，大学生很可能比教师、院校更清楚。因此，教师不应以家长自居，而要建立平等的师生关系。学分制无疑比学年制更有利于做到这一点。

最后，学分制更符合现代科学技术发展的要求。现代科技正在以惊人的速度发展,高度分化和高度综合是现代科学技术发展的重要特征之一。近几十年来,学科划分越来越细,分支学科越来越多,学科之间相互渗透、相互交叉的情况十分普遍,大量的新兴学科、边缘学科迅速涌现。在实行学年制的情况下,教学计划、课程设置整齐划一,不易调整,因而也不利于新兴学科进入大学的讲堂。而学分制比较灵活,相对模糊了科系界限,更有利于打破专业的限制,培养出更多的适应科技革命需要的人才。所以,从培养人才的角度看,学分制更适合现代社会发展的要求。

另外,实行学年制或是学分制与大学经费的来源、分配方式有密切的关系。一般而言,高等教育受市场力量影响较大的国家,如美国,学生的学费是大学重要的或者是主要的经费来源,他们在学什么和怎么学上必然要求有更大的权利和自由。因此,这些国家的大学一般实行学分制。相反,在中央集权的高等教育体制下,大学的经费来源于政府的拨款,有时甚至其使用也受中央政府的详细控制。这样,大学就必然听命于政府的支配。政府认为社会需要什么样的人才,大学就大批量地生产这些人才,学生的要求被抛之脑后。在这些国家里,其大学一般实行学年制,例如,第二次世界大战后的苏联的大学就实行典型的学年制。

学分制的优点是相对的,学年制的缺点也不是绝对的。不同的国家,受不同的历史传统和现实状况的制约,有的实行学分制,有的实行学年制。一般地说,以美国为代表的西方发达国家,其大学大部分实行学分制。下面介绍这些国家的大学学分制的情况。另外,苏联虽已解体,但作为实行学年制的典型,这里也作简单的介绍。

1.美国

美国的大学实行学分制。由于有的大学实行学期制(一学期平均大约15周),有的实行学季制(一学季平均大约10周),所以有学期学分和学季学分两种学分形式。一般来说,每周上课一小时,读满一学期并经考试及格者就可获得一学分。这样,一学期学分的学习量大约相当于一个半学季学分的学习量。在实行学期学分制的大学,要获得学士学位,一般需要修满 123 个左右的学分。在实行学季学分制的大学,一般需修满 185 个左右的学分可获得学士学位。表 3.3 和表 3.4 举例说明学期学分制与学季学分制,从中可以看出两者之间的区别。

表 3.3　斯坦福大学石油工程学理学士课程与学分

课程	学分
英语	6
社会科学	9
人文科学	9
数学	21
科学	24
工程学(加宽)	35
工程学(加深)	36
选修课	39
合计	179

表 3.4　圣约瑟州立大学哲学文学士课程与学分

课程	学分
普通教学课程	48
体育	2
主修必修课	33
副修必修课	15
选修课	26
合计	124

资料来源:符娟明主编《比较高等教育》,北京师范大学出版社 1987 年版,第 225 页。

2.日本

根据《大学设置标准》的规定,日本的大学实行学分制。学分的基本计算方法是:1个学分的学习时间是课内与课外(图书馆、家庭)的学习时间合起来算 45 个学时。具体地讲,各授课科目的学分数、课堂讲授与课外学习的时间比例,一般按下列标准计算:

(1)讲授课。课堂讲授 1 学时,需要课外预习、复习 2 学时。1 学分的学时总数为 45 个学时。

(2)演习课。按规定,2 学时的课堂演习要求 1 学时的课外预习、复习,以 30 学时的课堂演习为 1 学分。但因教授科目的不同而不能按规定要求预习、复习时,1 学时的演习可以安排 2 学时的课外预习、复习。这时,则以 15 学时的演习为 1 学分。

(3)实验课与实习课。各种在实验室、实习现场进行教学的科目,如化学实验、教学实习、农场实习、手工实习、机械制图等,以 45 学时的实验或实习为 1 学分。

按《大学设置标准》的规定,获得学士学位的最低学分标准是 124 学分,具体规定如下:"普通教育科目,应在人文科学、社会科学及自然科学3 个领域取得 36 个学分;关于外国语,应取得 1 门外国语科目 8 个学分;保健体育科目应取得 4 个学分(讲课及实际技能训练);专业教育科目应取得 76 个学分,共计 124 个学分以上。"[①]虽然文部省有统一的规定,但日本各大学的需要不尽一致。如京都大学要求达到 140 学分,早稻田大学为 136 学分。学分要求最高的是佐贺大学,高达 144 学分。

3.法国

法国大学的教学组织分两个阶段。大学第一阶段为一、二年级,颁发普通学业文凭;第二阶段为三、四年级,三年级结束授予学士学位,四

---

①转引自[日]关正夫著,陈武元译:《日本高等教育的改革动向》,厦门大学出版社 1991 年版,第 63 页。

年级结束则授予硕士学位。大学第一、二阶段实行学分制,学生须在注册时根据各专业的规定选择自己的学分课程。1973年,法国教育部对第一阶段最低课时数及各类课程的比例,作了规定。

虽然各大学、各专业可以灵活掌握,但这一规定仍是各大学组织第一阶段教学的依据。

关于第二阶段的教学,教育部没有作出类似的具体规定,因为第二阶段专业增多,共性相对减少。在大多数情况下,除外语由必修改为选修外,其他方面仍基本按第一阶段的原则行事。如巴黎第七大学物理专业,学士课程包括7个必修学分,2个选修学分;硕士课程包括5个必修学分,4个选修学分。

以上是大学的学分制情况。法国高等教育的另一重要机构——大学校,原则上不实行学分制。

可以看出,虽然美国、法国均实行学分制,但有不同之处。美国的大学受市场力量的支配,其学分制是自发产生的,是各大学相互竞争的结果。法国的高等教育则采用集权型体制,学分制是政府以法律形式规定下来的,各大学之间的差异性不显著。日本大学的学分制则是从外国输入的。由于日本存在为数不少的私立大学,因此各大学之间实行学分制的状况有一定的差别。同时,日本又以法律的形式规定了学分的最低限,这体现了日本"以法治教"的传统。

4.苏联

与美国、法国、日本等不同,苏联的大学实行学年制,目前的俄罗斯各国的大学基本继承了苏联时期的模式。苏联大学的课程按学年安排,学籍管理以学年为单位,在校学生一律编入相应的年级上课。一学年分两个学期。教学计划规定:学生每学年学习10个月,寒假2周,暑假2个月;五年制以上的大学学生,每周上课的总时数(包括选修课),一至四年级不得超过 36 小时,五至六年级不得超过 30 小时;四年制大学,一至三年级不得超过 36 小时,四年级不得超过 30 小时。学期结束时,所有的学生都必须参加统一规定的全部考试和考查。按规定,完成教学计划规定的学年全部课程,考试(或考查)及格,两门以下课程经补考及格者,可以升级。3 门以上课程考试不及格,或因有正当理由未参加全部或部分课程考试,或有 2 门课程补考后仍不及格,应予留级。每个学生本科学习阶段留级不得超过两次。只有按规定顺序修满规定的学习年限,并通过毕业设计(论文)答辩或国家考试的学生,方准予毕业。

苏联大学的学习期限分为两个阶段。第一阶段一般为 3 年,学习基础课和专业基础课;第二阶段从四年级开始,学习专业课。由于各院校专业不同,各类课程所占课时的比重也不尽相同。例如,列宁格勒工学院课堂教学时间安排的比例是:政治理论课占 7.9%,基础课占 31%,技术基础课占 50%,专业课占 11.1%。在莫斯科大学物理系的教学计划中,公共课为 1 500 学时,占教学总时数的 28%;基础课为 2 600 学时,占48%;专业课为 1 300 学时,占 24%。

综上所述,苏联大学的教学组织形式——学年制的特点是统一组织、统一管理、考试严格。这虽然有助于大规模培养统一规格的人才,并有利于质量保证,但它管得过死,机械刻板,缺乏灵活性,不利于学生个性的发展。

(二)选科制

学分制与选科制之间存在着必然的联系。从历史渊源上看,学分制是伴随着选科制的出现而产生的。学分制与选科制可以有不同种类的结合。在 20 世纪初,美国大学的选科制大致可分为 4 种类型:第一种类型以哈佛大学为代表,所有课程几乎都让学生自由选修;第二种类型则规定选修课和必修课大体各占一半;第三种类型采用主修—辅修制度,学生到三年级时开始选择一个领域作为主修领域,同时选择其他学科领域的课程作为辅修;第四种类型是分组制,以约翰·霍普金斯大学为代表,把所有课程按照科学、历史、哲学等大的科类分成若干组,学生可以自由选定学习一组课程,但课程组内的课程一般都是必修的。现在,美国大学 50％以上选择第三种和第四种类型。

学分制与选科制的结合,必然涉及如何处理必修课与选修课的关系问题。增设选修课是目前世界范围内大学教学的发展趋势,这在有关章节已论述过,这里不再重复。但是一定的必修课也是必需的。一般而言,实行选科制,组织选修课应注意以下原则:

首先是广博性原则。在变化迅速的现代社会,大学的课程组织必须注重知识的基础性与广博性。发达国家的大学在设置课程时比较注意这一点。例如,美国的大学就十分重视为本科生打下扎实的知识基础,加州大学洛杉矶分校规定每个学生都必须接受普通教育,文理学院的本科生必须选修 12 门(48 个学分)普通教育课程,具体安排如下:

$$14 门 \begin{cases} 人文科学(选 4 门) \\ 自然科学(选 3 门) \\ 社会科学(选 4 门) \\ 生命科学(选 3 门) \end{cases}$$

(说明:以上课程中,学生拟作为今后专业方向的课程可少修两门,故选修总数为 12 门)

其次是平衡性原则。平衡性既指基础课、专业基础课、专业课、自由选修课之间的平衡,也指初级课程和高级课程之间的平衡。仍以美国加州大学洛杉矶分校为例,该校规定的 180 个学分中,各类课程分配如下:必修课 8 个学分,普通教育课 48 个学分,专业基础课 28 个学分,专业课

40个学分,完全自由选修课64个学分。此外,该校的全部课程学分为两大类:一类是初级课程,主要是概论、导论性质的课程;另一类是高级课程,主要是专业课,包括部分完全自由选修的课程。在180个学分中,学校规定18门课72个学分必须是高级课程,这样就保证了各类课程之间的平衡性。

再次是相关性原则。相关性原则指各种知识和课程之间应具有内在的联系,要存在关联性。一组课程只考虑广博性与平衡性是不够的,若不符合相关性原则,学生学到的很可能是互不联系的、片断的知识。在课程组织中如何贯彻相关性原则,是一个相当复杂的理论问题和技术问题,需要在实践中不断总结经验,加以完善。

最后是适应性原则。该原则指课程的组织要考虑到适应社会和经济发展的需要,以满足社会对各类人才的需求。

(三)学院制、系科制与讲座制

在具体组织教学时,有的国家的大学以学院为组织单位,有些国家的大学则采用系科制,还有少数国家的大学采用讲座制。这里介绍美、英、日等发达国家大学教学的组织情况,并简要分析其优缺点。

1.英国

英国的大学以牛津、剑桥为代表,以学院为单位来组织、管理教学。虽然学院以下也有系一级的机构,但主要权力集中在学院这一层次。有人说,到了牛津找不到大学,事实也正如此,它存在于学院之中。

牛津大学拥有40所学院,本科生向学院报名,研究生向大学报名。任何人要想成为牛津大学的一员,他首先要成为学院的一个成员。许多大学的教师,也首先是学院的教师。

大学通过学院提供人员、设备、图书馆、实验室、博物馆和讲堂,为教学服务。学院制的一大特色是实行导师制。一名导师指导数名或十多名学生,对学生学业全面负责。学生绝大部分时间在学院接受指导,只是到最后才去大学考试。学院制的另一特色是各种专业学生混杂,这意在使学生相互交流,扩大知识面。

牛津、剑桥的模式为英国其他的大学所模仿,学院制因而在英国具有了根深蒂固的影响,现在,除少数大学外,英国大部分大学实行学院制,虽然各校之间的学院制会有细微差别。例如,伦敦大学下面有 56 个教育实体,其中医学院 22 个,人文科学学院 23 个,适合各种人员进行非正规学习的学院 4 所,综合性学院包括著名的帝国理工学院、伦敦大学学院、伦敦国王学院在内共 5 所,以农业为主的和以动物学为主的学院各 1 所。虽然除帝国理工学院以外,所有单位都从伦敦大学领取经费,但学院在很大程度上是独立经营的单位,教学方面的权力主要集中在学院。

从管理的角度看,学院制的特点是权力集中在中间层次上。学院的独立性使它们成为一个个相对的有机系统,这既是优点,也是缺点。例如,学院制注重本科生的教学,这使得牛津大学的教学质量闻名遐迩。但是,由于学院既不需要依赖大学,又较少和社会发生联系,因此,不利于新兴学科进入大学并得到发展,也不易于为满足社会的需要而进行整体性的改革。这也使牛津、剑桥曾在较长一段时期内落在时代的后面。正因如此,目前英国大学的学院制也在逐步变化之中。

2.美国

在美国的大学中,系是学术组织的基层单位。美国的大学内部实行校、院、系三级管理体制。在这三级体制中,系是主要的、最基本的学术单位。各系制订各系的入学资格、课程内容、考试程序等,独立组织教学。原则上,各系除了经费仍需要依靠学校外,其他方面都是相当独立的。系设一名系主任,一般由教授互选,教授有很大程度的自主权。同时,系赋予教师相当大的开设课程的自主权,各级教师之间具有开设课程的平等权利。

美国的大学,文科学院设系较少,一般为15个左右。而在综合性大学总是设有很多系。例如,在密执安大学,向学术副校长报告工作的学院院长有18人之多。这18所学院中文理学院拥有27个系,外加中国研究中心、日本研究中心、近东研究中心、苏联研究中心、东南亚研究中心等附属机构和包括古生物馆在内的6个博物馆。这所大学的工学院拥有20个系,音乐学院拥有10个系,公共卫生学院拥有7个系,等等。该校18所学院中共有94个系,此外还有为数众多的中心、研究所、博物馆,等等。

系的规模大小也不尽一致。一般来说,在小学院里,一个系有时只有4～10名教师。而在综合性大学里,一个系常常拥有五六十名教师,这还没有把兼职教师和担任一定教学、科研工作的研究生计算在内。当然,大系设有不同的专业,这些专业各有自己的负责人。例如,在英语系里设有英国文学专业和美国文学专业,在化学系里设有有机化学专业和无机化学专业,在政治科学系里设有政治理论专业。

美国的大学以系取代讲座,有其利也有其弊。系的优点有三:首先,系为青年教师的学术发展提供了场所。系给予青年教师非正式的指导,帮助他们达到专业要求的水平。同时,由于美国大学的低级教师参与教学和科研的人数越来越多,因而,系主任的权力便没有讲座主任的权力大,权力不可避免地要分散到少数正教授中间。这样,系科体制比讲座制更民主一些。其次,它提供了学术评价和学术支持的良好环境,而这一环境是所有教师都渴望的。再次,系为那些有着共同学术兴趣的教师提供了一个核心。这个核心在教师的深造和研究活动中,具有强大的凝聚力,使单个的学者结合成比较理想的学者社团。

与优点相对,系科制也有缺点。首先,系的设置无疑削弱了大学的整体性,把它割裂成了有着各自利益和活动的、互不联系的单位,使大学成为一个分裂的组织。其次,系的传统根深蒂固,难以打破,这可能会阻碍大学采用新的方式与途径来组织教学事务。再次,共同的学术兴趣使教师聚合成系,这一方面有利于教师的教学与科研,另一方面也会因为学术上的偏见而削弱教师对公共服务的关心。一个由历史学家,或者化学家,或者生物学家,或者其他方面的专家组成的系,毫无疑问会忠于自己的专业,而不是忠于全校或全社会的利益。因此,这种组织形式提供越来越狭窄的专业领域,放弃了包括公共服务在内的广泛的兴趣。

尽管系科制存在着不容忽视的缺点,但除极少数院校外,美国大多数大学还是采用这一体制。同时,它对世界范围内其他国家的大学也产生了深刻的影响。例如,第二次世界大战后,欧洲国家对革新愿望的一个共同反应就是效仿美国大学系的组织形式。这种组织形式至少使教师更加民主并允许年轻的教授有更多的革新自由和研究机会。当然,系科制不是一种完美的组织形式,美国的大学也在探索新的组织形式,有些大学,如在绿湾的威斯康星大学已经摒弃了系的观念。

3.日本

日本的大学是在学习欧洲国家大学的过程中发展起来的。日本人在1868年明治维新以后采用了德国大学的模式,于1883年引进了讲座制。因此,各大学是按照严格的讲座制加以组织的。"二战"以后,受美国大学的影响,日本又引进了系科制。现在,根据《大学设置标准》规定,日本大学的教学组织采取系科制或讲座制。由于各大学的建校背景不同,因此有的采取讲座制,有的采取系科制。系科制与美国大学的系科制基本相同,下面简单介绍讲座制。

所谓"讲座制",是指定出教学研究的专攻领域,为其教学研究配备一定数量教师的制度。"讲座"的成员包括一位教授、一位副教授或讲师及一两名具有学位的助教,另外还可配备教学辅助人员。

讲座制是日本大学代表一个学科方向的组织形式,是大学的教学、科研、财务、行政的最基层单位。一个讲座一般有 4 个正编制,由教授领导。讲课或科研专题由讲座自定。研究生、本科生的听课、讨论、实习、科研、经费使用以至讲座内人事调动等,全部由讲座负责安排。采用讲座制的大学在开设讲座外规定的课程时,应由专任副教授或专任讲师担任,根据需要,也可由兼任教授、副教授或讲师担任或分担一部分教学工作。讲座的教授既要进行专业领域的学术研究,又要将成果传授给学生,还必须指导最后学年的学生进行与专业领域有关的研究。总之,他是讲座的全权负责人。

目前世界上采用讲座制的大学较少,日本大学的讲座制也在改革之中。这是因为,虽然讲座制在一定程度上有利于科学研究,有利于教学与科研相结合,但它的缺点也是显著的:讲座规模太小,无法满足迅猛增长的入学人数的要求;讲座教授权力过大,容易产生独断专行的作风;另外,它还不利于不同学科之间的交流。总之,讲座制由于其封闭性而逐渐不适应现代社会的要求,日本大学的讲座制向何处走,目前还在探索之中。

四、现代教学技术

教学技术是师生在教学过程中运用一定的方法、手段、知识、技能、技巧的总和。对教学技术有广义和狭义两种理解。广义的教学技术是指一切与教学活动有关的技术;狭义的教学技术仅指在教学活动中利用媒体的技术。本节所介绍的教学技术是指狭义的教学技术。现代教学技术是与传统的教学技术相对而言的,指以现代自然科学和社会科学为基础的教学技术。教学技术总的范围如表 3.5 所示:

表 3.5　教学技术的范围

教学技术	一般教学技术	1.教学方法　2.教学组织　3.教学评价　4.教学语言运用　5.非语言传播技术　6.心理咨询技术　7.班级思想工作技术　8.家庭访问技术……	
	运用媒体的教学技术	非电子媒体	1.教科书　2.黑板　3.讲稿　4.模型、实物、示教板　5.挂图、表格、卡片　6.利用图书馆资料的技术　7.设计与布置教学环境的技术……
		*电子传播媒体	价格低
			1.幻灯、投影器　2.电影　3.收音机　4.录音机……
			价格高
			1.语言实验室　2.电信、录像机　3.摄像机　4.闭路电视系统　5.卫星电视接收设备　6.视盘　7.计算机、计算机网络……

注：*属于本节所讨论的现代教学技术的范围。

现代教学技术是高等教育现代化的一个重要方面,它不仅引起了大学教学手段与资源的变化,更重要的是促使大学的教育目的、教学目标、高教系统的结构等发生变革。本节首先论述大学现代教学技术的制约因素、发展过程、优缺点,然后介绍国外应用的情况,最后讨论几种现代教学媒体的特性与运用。

(一)现代教学技术的制约因素及发展过程

现代教学技术的发展既有物质基础,又有理论基础。现代科学技术的不断发展,为现代教学技术提供了先进的工具与技术。19 世纪末照相、幻灯问世;20 世纪 40 年代以后,又出现了新型录音材料和录音技术,新型的电影制作和放映设备,以及录像制作设备、激光视盘、卫星通信、微型电子计算机以及缩微技术等,这些都是现代教学技术必须依赖的工具,它们为制作、储存、传递、再现教育信息提供了优越的技术条件。从时间上看,新的技术产品一旦问世,它很快就会进入大学的课堂,成为现代教学技术大家庭中的一员,其周期是很短的,从表 3.6 和表 3.7 的对比中可以清楚地看出这一点。

表 3.6　新技术诞生的时间

年代	新技术出现
1900 年前	照相、无声电影、幻灯
20 世纪 10 年代	留声机、唱片
20 世纪 20 年代	收音机、无声 16mm 电影机
20 世纪 30 年代	有声电影、机械录音
20 世纪 40 年代	电唱片、电视机、磁性录音
20 世纪 50 年代	电子计算机
20 世纪 60 年代	立体电影、声画同步幻灯机
20 世纪 70 年代	电视录像、卫星转播
20 世纪 80 年代	激光视盘

表 3.7　新技术介入大学教学的时间

年代	新技术介入教学
19 世纪末	幻灯
20 世纪 20 年代	无声电影、播音
20 世纪 30～40 年代	有声电影、录音
20 世纪 50～60 年代	电视、程序教学机、电子计算机
20 世纪 70 年代	录像电视系统、计算机教学系统、卫星传播教学系统
20 世纪 80 年代	激光视盘

资料来源：范印哲主编：《大学教学与教材概论》，高等教育出版社 1990 年版，第 376 页。

不仅如此，科学技术的进步使教育传播技能已经成为一种新的产业结构，社会上出现了专门生产新技术设备和器材的企业。他们聘请科技专家研究教育媒体、改进技术、设计软件，把先进的科学技术成果转化为现代教学的专用器材，使现代教学技术具备了较好的物质基础。

现代教学技术不仅离不开科学技术的进步，它还依赖于系统论、信息论、控制论的研究成果，尤其是系统论思想，它是现代教学技术得以广泛应用的理论基础。现代教学技术论认为，教学是一个复杂的系统，是由教师、学生、教学目标、教学内容、教学方法、教学手段等组成的有机整体；教学系统的整体功能取决于各要素能否充分发挥自己的作用并相互配合协调。可以说,现代教学技术论就是研究教学系统最优化运行的科学。

科学技术的进步和系统论、信息论、控制论研究的深入开展为现代教学技术提供了可能性,现代社会的迫切需要则是现代教学技术产生和发展的动力。人类社会已迈进信息时代,科学技术迅猛发展,知识信息已成为战略资源,其总量呈几何级数增长。一方面,知识更新周期日益缩短,要求缩短掌握知识的过程;另一方面,知识陈旧周期日益缩短,要求注重能力培养,使学生学会如何学习。另外,20世纪以来世界人口急剧增多,教育人口更为激增,据统计,1960年全世界教育人口为4.55亿,1982年为9.3亿,增长率为104%。高等教育作为教育的最高阶段发展更迅速。发达国家高等教育都已超越了"精英型"阶段而进入"大众型"阶段,有些国家如美国,甚至已进入"普及型"阶段,上大学的青年超过适龄年龄组人数的50%。教育人口的膨胀要求扩大教育规模,也使传统教学方法不能适应这一需要。总之,现代社会的迅速变化暴露了传统教学技术落后的一面,促使现代教学技术以较快的速度发展。

现代教学技术的产生与发展有一个过程。一般认为,现代教学技术萌芽于19世纪末,当时幻灯、放映机、无声电影等陆续进入教育领域。进入20世纪以后,人类社会进入新的科技革命时代,电子技术新成果极大地改变了人类信息的传播方式,也促进了教学技术的革命。从20世纪20年代到40年代,电唱机、摄影术、无线电广播、收音机、录音机逐渐在大学中广泛使用。20世纪60年代以后,电视、录像机、语言实验室进入大学课堂。20世纪70年代、80年代以后,微型计算机、卫星通信、闭路电视等在教学中普遍运用。现代教学技术从起步至今,只有90多年的历史,其发展是非常迅速的。

(二)国外大学运用现代教学技术的状况

20世纪以来,尤其是20世纪70年代以后,发达国家在改革大学教学内容和教学方法的同时,广泛利用广播、幻灯、电视、电影、录像、磁带录音、通信卫星以及电子计算机等作为教学手段,努力实现教学技术的现代化。美国以其雄厚的经济实力做基础,在大学教学技术现代化的道路上走在世界各国的前列。总的来看,美国大学现代教学技术的发展可分为以下三个阶段:

第一阶段从 1918 年至 1945 年。在 20 世纪 20 年代主要是应用幻灯、电影和无线电广播等手段;到 20 世纪 30 年代主要是应用有声电影,有些大学还开始试验电视教育,如衣阿华大学于 1933 年 1 月 25 日播送了第一个电视教学节目。

第二阶段从 1946 年到 1965 年。在这段时间里教育电视迅速发展起来。1955 年大约有 60 所大学建立了闭路电视系统,到 1958 年已达到 87 所。同时,录音、录像技术也得到了进一步发展,从唱片发展到录音磁带。1956 年在芝加哥诞生了第一台录像机,1962 年发射了第一颗通信卫星,用它可播送无线电和电视教育节目。另外,20 世纪 50 年代末 60 年代初电子计算机辅助教学开始出现,如 1960 年伊利诺斯大学搞了一个"自动教学操作的逻辑程序"计划。

第三阶段从 1966 年至今。在这段时间里,电视作为教学手段已经司空见惯。1967 年美国全国有 1 204 所高等学校开设电视课程。其中有 277 所大学、836 所学院、91 所其他类型的高等教育机构,参加学习的学生达 55 万人。同时,电子计算机在教学中得到普及。1980 年估计有 12 亿美元投资于 2 163 所大学,使 990 万学生能够学习、使用电子计算机。最近的估计表明,1985 年购买教科书的同时购置个人计算机,而且大约 2/3 的大学在校学生或教师购置计算机,美国的大学已从书本阶段迈向计算机阶段。

英国大学也比较重视现代教学技术的应用。1972 年,英国政府制订了一个电脑辅助学习的发展规划,并于 1973～1978 年 5 年间投资 200 万英镑进行研制,参加的学校共 80 所,研制了电脑学习系统 297 套。1986 年日本文部省决定投资 20 亿日元开展电脑教育的研究。其他发达国家如法国、德国也非常重视现代教学技术的应用与开发。总之,英、日、法、德等国大学应用现代教学技术虽不如美国普及,但重视现代教学技术的发展则是它们共同的特点。

另外,国外大学在机构与学位的设置方面也体现出对现代教学技术的重视,英国、日本和西欧国家的大学相继设立多种类型的教育技术方面的系科和专业研究中心以培养大学生、研究生,并开展学术性研究。例如,美国伊利诺斯大学很早设置了影视传播系和电脑辅助教育研究所,加利福尼亚大学欧文分校设有教育技术研究中心,培养大学本科生和学位研究生,并进行学科研究。在美国已有百余所大学设有硕士和博士学位的教育技术研究生专业,每年数以千计的研究生毕业。还有千余所大学、学院设置了教育技术或相近的专业(如教育传播学、教学媒体学和影视学专业),每年培养数以万计的毕业生。在日本有20多所大学,如东京教育大学、东京工业大学和东京学芸大学等设有"教育工学研究中心"以开展教育技术研究和培养学位研究生。有关现代教学技术的专业机构的出现及学位的设置,不仅有力地促进了大学教学在实践中更广泛地应用现代教学技术,而且保证了现代教学技术理论的不断发展。

(三)现代教学技术的长处与局限

现代教学技术兴起的时间不长,之所以能迅速得到应用、普及,是因为与传统的教学技术相比,它有许多更适合现代社会需要的优点,具体表现为以下几方面:

第一,现代教育技术有助于优化教学质量。

现代教学技术能够使直观教学原则比较容易地贯彻,能够向学生提供大量的感性材料,使教学内容的呈现形象、生动、感染力强,从而促进学生理解,增强学生的记忆。现代教学技术克服了书本、黑板、粉笔等传统教学技术的局限性,能够迅速地、全方位地向学生呈现大量的信息,有利于拓宽学生的知识面。另外,录音、录像、电影、语言实验室等,能向学生提供典型、标准的技能技巧训练的示范,有助于培养学生的技能技巧,有利于指导学生在实验中应用所学的知识。总之,现代教学技术使信息的传播不受时间、空间、微观、宏观的限制,能直接展示各种事物的现象和过程,从而使学生对教学内容学得快、理解得深、记忆得牢,有效地提高了教学质量。正因为如此,现代教学技术深得大学生们的喜爱。英国曾有人对使用现代教学技术的程序教学法进行过调查,结果表明:在被取样的 1 300 名化学专业的大学生中,只有 64/10 000 的人认为是浪费时间,有 624/10 000 的人认为程序不太有用;有 3 223/10 000 的人认为程序是令人满意的;而 5 104/10 000 的人认为程序非常有用;还有 885/10 000 的人认为程序极有价值。美国卡内基教育促进基金会于 1976 年和 1984 年曾对大学生使用计算机的状况进行了调查,结果如表 3.8:

表 3.8　大学生使用计算机的经验以及他们对大学课程中
计算机教学的评价(回答"肯定"的百分比)

	所有院校		学校类型(1984 年)					
	1976 年	1984 年	公立	私立	研究性大学	授予博士学位的大学	综合性学院	文理学院
我的中学提供了使用计算机的教育	NA	33	32	41	42	31	29	39
我使用了大学计算机设备来分析数据或学习编程序	32	48	47	52	49	53	45	51
我的大学应当要求大学生上更多的计算机课程	NA	74	75	71	71	76	76	71

NA:1976 年未问及的问题

资料来源:〔美〕厄内斯特·博耶著,徐芃等译:《美国大学生的就读经验》,北京师范大学出版社 1993 年版,第 151 页。

　　第二,现代教学技术有利于提高教学效率。

现代教学技术能帮助教师在有限的时间传授更多的教学内容,提高单位时间的教学信息传输量,降低教学时间消耗。研究资料表明,人类五官感知知识的比率是:视觉占83%,听觉占11%,嗅觉占1.5%,味觉占1%。视觉和听觉起的作用最大。若是视、听协同活动,将会大大提高学习效率。实践证明,采用录像教材进行教学,能缩短教学时间30%～50%。表3.9记录的是一个实验数据,表明用不同的教学方式教学生同样的内容后,随着时间的流逝,学生能记住多少教学内容。

表3.9　不同教学方式的记忆保持率

教学方式	记忆保持率(%)	
	3小时后	3天后
只用语言说明	70	10
只让观看	72	20
一边观看,一边说明	85	65

资料来源:芦叶浪久:《高密度电视唱盘映像的教育效果》,1987年。

转引自李定仁主编:《大学教学原理与方法》,科学出版社1994年版,第155页。

表3.9表明,在教授某项内容时,最好采用多种方式,如声音、图像、文字等,通过视觉和听觉的配合来进行。运用多种媒体进行教学能加快信息传输速度,增强理解力与记忆力,提高教学的效率。

第三,现代教学技术有助于扩大教学规模。

首先,现代教学技术能有效地扩大教学区域。利用语言广播、电视广播、电视卫星转播等手段,能向远距离、广大区域传送教育课程,无论是学校、家庭,凡是有收音机、电视机的地方,都可以成为课堂,使得一个教师能同时教成千上万的学生,大大节省了师资、校舍和设备,扩大了教学规模。其次,现代教学技术能为学习者提供方便有效的自学条件。大量的多种多样的声像教材与资料,如幻灯片、录音带、录像带、程序教学软件等,还有配合这些教材的文字教科书,为自学者提供了有效的帮助。最近发展起来的通过计算机网络向计算机中心索取有关学习资料的方法,使得很多自学者能利用家庭的计算机终端,向国内甚至国外的有关资料中心索要所需的学习资料,这为自学者提供了更为便利的条件。这样,原来受大学教育规模限制而未能跨进大学校门的青少年,甚至是成年人,可以利用现代教学技术进行卓有成效的自学。

在利用现代教学技术扩大教学规模方面,英国著名的"开放大学"是典型的例子。"开放大学"利用现代教学技术进行远距离教学,若没有现代教学技术,它就不可能生存下来。另外,许多国家都有这样的高等教育机构,像加拿大著名的"魁北克电视教育中心"以及我国发展起来的"电视大学"等,都有效地扩大了教学规模,取得了显著的效益。

第四,现代教学技术有助于丰富学习内容,开阔知识领域。

表 3.10　大学教学对现代教学技术的需求

教学情境	教师的工作	现代教学技术
学术报告	短时间内介绍大量信息	幻灯、投影、录像
理科课程	讲解概念	投影
	介绍事实、案例	录像、幻灯
	备课、准备讲稿	计算机、复印机
理科实验	演示、示范	录像
	实验过程记录	投影、录像
	实验数据处理	计算机
文科课程	语文教学	录音、语言实验室
	文学、历史、背景介绍	电影、录像
	资料检索与分析	计算机
体育教学	范例教学	录像、电影
	分析、研究动作	摄像、计算机
	组织运动会	无线广播、计算机
	运动生理教学与研究	计算机、生理测试仪器
政治思想教育	对学生进行思想品德教育	广播、录像

资料来源:李定仁主编:《大学教学原理与方法》,科学出版社 1994 年版,第 156 页。

现代教学技术不仅能容载、传输传统教学技术无法比拟的信息量,而且能表现传统的教学技术所无法表现的许多事物。例如,教学电视与教学电影能广泛使用各种技巧来充分揭示教学命题,表现宏观世界和微观世界,呈现直线与各种曲线构成的各类图形、高速运动和低速运动形态,展示复杂的工艺制作过程,将抽象的教学材料形象化、直观化。又有一些危险的教学实验,诸如爆炸、辐射、原子反应、细菌活动和破坏性实验等,以及一些特殊训练如外科的高明手术示教等,均可通过电脑模拟和闭路电视系统达到预定目标。总之,在现代科学技术高速发展的时代背景下,由于现代教学技术具有的这一优点,使得大学许多领域的教学离不开现代教学技术。

现代教学技术虽然具备上述长处,但它不是没有局限性,它最大的危险就是可能削弱教师在教学过程中的作用。其实,这一危险多半不是现代教学技术带来的,而是由人们认识的误区所致。目前存在着一种错误观念,认为资料比思想更能得到信任。实际上,信息不是自然地等于知识。在应用技术的同时,大学生们还必须懂得这些技术发明正在怎样重新塑造社会。大学不仅要教会学生如何使用新技术,还应该鼓励、教会他们提出问题,这就需要持续的师生之间的相互交流、相互影响,因此,卡内基教育促进基金会通过调查得出如下的结论:

"不应当允许任何形式的技术成果在教师和学生之间设置屏障,不允许限制创造性的思想,不允许阻碍人与人之间思想的自由交流。电视可以把学生送上月球,带到海底;计算器解题可以比人脑更快;计算机可以迅即收回几百万的信息单位;文字处理机可以帮助学生写作和编辑;教室可以成为林肯中心纽约交响乐团的现场直播场所。但是电视、计算器、文字处理机和计算机都不能作出价值判断。它们不能把智慧传授给学生。课堂应当成为一个帮助学生树立理想抱负、区分良莠和辨别优劣的场所。为了这个目标,我们需要出色的教师,而不是计算机。"[1]

---

[1][美]厄内斯特·博耶著,徐芃等译:《美国大学生的就读经验》,北京师范大学出版社1993年版,第156页。

(四)几种现代教学媒体的特性与使用

目前,现代教学技术中广泛使用的教学媒体有挂图、模型标本、录音机、幻灯投影、广播、电视、录像机、计算机等。要想合理地运用这些媒体并充分发挥其作用,首先必须了解它们的特性。一般来说,可以从以下几个方面分析教育媒体的特性:

(1)表现性,即媒体表现事物的时间、空间、运动特性的能力。

(2)重现性,即媒体在不受时间、空间限制的条件下,把记录、存储的内容随时重新呈现的能力。

(3)参与性,即学习者参与信息传播活动的程度。

(4)传播的广泛性,即接受传播信息的人数的多少。

表 3.11 列出了现代教学技术中几种常用媒体的特性,它可以为选择合适的媒体提供参考。另外,从该表可以看出,不同的媒体各有优缺点,教学设计时应注意综合利用各种媒体,充分发挥不同媒体的作用。

表 3.11　常用教学媒体的特性

特性	媒体	录音机	幻灯投影	电影	广播	电视	录像机	计算机	挂图	模型标本
表现性	空间特性	−	+	+		+	+	+	+	+
	时间特性	+	−	+		+	+	+	−	−
	运动特性	−		+		+	+	+	−	−+
重现性	即时重现	+						+		
	延时重现	+	+	+	+	+	+	+	+	+
参与性	感情参与	+		+	+	+	+	+		
	行动参与							+		
广泛性	受众多少	−	−	+	+	+	−	−	−	−
受控性	操作方便性	+	+						+	+
价格	制作成本	−	−	+		+	+	+		+

注:"+"表示性能强、高;"−"表示性能弱、低。

资料来源:李定仁主编《大学教学原理与方法》,科学出版社 1994 年版,第 164 页。

教师要熟练合理地应用现代教学媒体,仅了解它们的特性还不够,掌握使用它们的技能、技巧也是必需的。以下介绍几种常用教学媒体的使用技巧:

1.录音机

录音机能随时提供音频形式的教学信息。它记录信息密度高,而载体体积小,录、放和复制方便,使用方式灵活多样,因而是大学中广泛使用的一种教学媒体。录音机能够协助教师的课堂教学,例如,讲解带解释某些课题内容以帮助学生理解,示范带以朗读、讲话或演唱等示范供学生模仿;测验带可以用来检查学生学习质量,练习带可以帮助学生提高熟练程序和运用能力,等等。录音机还能帮助学生进行自我反馈,并有利于实行因材施教的原则。录音机在大学中已经被广泛地应用于语言教学和音乐教学等,例如,表演课和广播课示范朗读,外语课的听力、问答、翻译训练,音乐课、戏剧课的正音、音乐欣赏、乐器合奏等。一般地说,对不以视觉为基本属性的内容,不需要个人之间的相互作用的内容,基本上是语言信息传递的内容,适合于使用录音机。

2.幻灯、投影

幻灯、投影能提供真实、生动的视觉形象,可根据需要灵活控制,并可与传统教学方法密切配合,设备简单,操作方便,价格也比较便宜,因此深受大学教师们的喜爱。一般来说,幻灯适合显示经过放大的静止画面和用语言注释加以解释的资料、事实和过程,教师上课的板书提纲可写在投影片上,以节省教学时间,增加课堂教学容量。投影片则基本用于投影印刷资料或图解资料。投影片的制作方法主要有:

直接将需要呈现的文字、表格、图形用投影彩色笔描绘在透明胶片上。

用描好的图稿或现成的书籍在复印机上复印投影片,只需将透明的胶片用胶带固定在复印纸上即可。

幻灯片的制作方法主要有:

画面简单、文字少的幻灯片可直接用笔描绘在透明胶片上，或用复印机复印。

复杂的画面需用摄影方法制作，教师可将准备好的稿纸交给专业人员制作。

3.电影、电视

电影、电视能同时提供视、听两方面的信息，能显示包括变化或运动的可见的信息材料，表现的内容丰富，形式多样，且具有美的感染力，因此是大学教学中一种重要的现代教学媒体，可被用来完成认知、情感和心理活动三个领域的教学目标。在认知领域，它可用来显示事实，证明过程，用例证说明概念。在情感领域，它可以影响学生的态度，激起学生的动机，引起学生对教学内容的兴趣。在心理活动领域，电影、电视可提供分析和反复观看的典型，达到心理运动方面的教学目标。具体地说，电影、电视适用于下列范围：①电影、电视能直观、形象地表现教学内容，特别是把运动着的事物变成各种真实可观的活动画面。②能适应教学需要，"控制"各种事物运动的速度和时间。③能改变物体的大小，展现宏观和微观世界。④能表现教学内容中看不见、摸不着的抽象事物。⑤能表明事物的本质。⑥能发展学生的观察力、想象力、理解力、记忆力。

电影主要使用电影摄影机、放映机，电视主要使用摄像机、录像机和电视接收机，这些设备均需购买。

4.语言实验室

语言实验室是备有录音机、扩音机和各种控制电路，专门用于语言教学的教室。语言实验室一般具有这些功能：呼叫与通话、播放录音、跟读与录音、监听与录音。语言实验室主要用于外语教学，其常用课型是语音训练课、听力训练课、句型训练课、会话课、口译训练课、视听说课（再加幻灯、投影或录像）。此外，语言实验室也可用于音乐欣赏课、诗歌朗诵课和一切与语言音响有关的教学。

5.计算机辅助教学

实施计算机辅助教学需要有供每个学生使用的计算机终端和配合教学内容的软件。计算机辅助教学的主要方式有:个别教授方式、练习与操练方式、模拟方式、问题求解方式、教学游戏方式。计算机辅助教学在发达国家比较普遍,不仅理工科应用,社会科学也正在或准备应用。例如,在英国大学人文学科的教学中,比较广泛地使用了计算机模拟系统。在美国的大学中,美术教授用计算机教学生辨别并调和色彩、英文教授用它修改学生作文、历史学教授用它让学生表演历史事件等。当然,理工科学生更经常地使用计算机进行数据的统计处理。

五、大学教学的新走向

20 世纪 60 年代前后兴起的新的科技革命对高等教育产生了极大的影响。在科技迅速发展的推动下,西方发达国家逐步向信息社会过渡,现代高科技渗透到生产、生活的各个方面。在此背景下,大学的教学活动也发生了一些变化,具体可概括为以下三点趋势:

(一)大学教学大力采用新的教学技术和设备

以电子计算机为代表的新的教学设备应用于大学的教学中,极大地提高了高校教学的效率,也为教学方法的改革提供了支持。为了使大学能够适应社会的需要,支持经济、科技的迅速发展,发达国家不惜巨资,努力实现大学教学活动的现代化。日本已在加快大学“校园信息网络”的建设。“校园信息网络”是指用光纤维导线将学校里各部门的微机和终端连接起来,形成声、文、数、像等多种学术信息的网络化。还可将这一网络与国内外的各种学术、信息机构联结起来,使研究、教学人员不出研究室,就可获得所需的学术信息和情报。1987 年以来,日本已有东京、京都、庆应、早稻田、上智等大学相继建立了这种信息网络。美国的大学在利用电脑进行教学方面更为先进。伊利诺斯大学开发的 PLATO 系统可以视为一所新型的电脑化的学院,它拥有的教学终端可供 4 000 多个学生同时使用,它内部存贮了 150 个专业的约 7 000 学时的课程软件,范围涉及数学、天文、物理、化学、地理、历史、语言和心理等学科,还有法、德、汉、日等 10 余种外语课程,全年能提供 1 000 万人一学时的教学能力,相当于一个拥有 24 000 名学生的四年制学院的一年教学量①。这种教学系统由控制数据公司生产,20 世纪 80 年代以来已在欧美两洲的 8 个地区装备起来。这些 PLATO 系统既能独立工作,又能相互连通,快速地相互交换各种教学软件,以及其他教育资料和信息,实际上它们已经基本形成了一个以美国为中心的、国际性的、协调一致的教育信息网络。其他发达国家,如英、法、加拿大等,也拨出巨款帮助大学开发电脑教学系统,因此,广泛应用电脑等现代教学技术和设备是当今大学教学活动发展的趋势。

(二)各国大学都在积极探索教学方法改革的途径

随着当代经济、社会的发展,特别是科学技术的迅速发展,高校的教学方法的改革也势在必行。发达国家教学方法的革新表现出如下三方面的趋势:

首先,由教给知识到教会学习。传统教学方法的重心在于传授知识,学生能力的训练被忽视了。现代社会需要的人才不仅要拥有渊博的知识,更要具备应变的能力,而应变的能力是以自我不断地学习和创造的能力为基础的,因此,教学方法必须适应培养学生能力的需要,教给学生学习方法。正是在这一背景下,联合国教科文组织在 1972 年出版的《学会生存》的报告中提出了"教会学生学习"的口号,这势必会给各国高校教学方法的变革带来深刻的影响。

其次,推行启发式,废止注入式。启发式与注入式不是两种具体的

---

① 王亚朴主编:《高等教育十论》,华东师大出版社 1992 年版,第 190 页。

教学方法,而是教学方法中两种对立的指导思想。注入式教学将学生视为被动接受知识的存储器,在教学方法上采用单调的"填鸭式",强制灌输,忽视学生积极性的调动及学生独立学习方法的指导。注入式教学压抑学生学习主动性、积极性的发挥,只能教会学生模仿和记忆。启发式教学强调学生是具有主观能动性的认识主体,强调在传授知识的同时重视学生能力的培养及非智力因素的发展。在教学方法的运用上,启发式教学着眼于调动学生学习的积极性与主动性,将教学活动的重点放在组织与指导学生的独立学习活动上,并注重学习方法与研究方法的指导。显然,启发式教学更能适应现代高校教学活动的需要,各国的首先教学方法改革也都以废止注入式教学为目标。在具体的教学方法上,除发现法外,应用较多的新教学方法还有程序教学法和问题教学法。程序教学法是借助于在学生和教师之间建立有效的逆向联系而组织教学活动的方法,是一种学生按照自己的需要,自定步骤、独立学习的教学法。它在教师的指导下借助计算机,使用教学程序、传递信息的直线图,以最简单的形式得到最优的学习效果。问题教学法是经过一定的再现式学习之后,由学生自己探索的教学方法。这一教学法有利于促使学生善于读书,勤于思考。另外,像系统思维教学法、案例教学法、研究指导法、智力激励教学法等,也都处于试验与改造之中。

最后,由讲授为主到指导学生独立地学习与研究为主。传统的教学方法主要由教师讲课,现代教学方法则将重心移到指导学生独立地学习与研究上。美国高质量高等教育研究小组 1984 年发表了《投身学习:发挥美国高等教育的潜力》的报告。报告中提出了"学生投身学习"的概念,即大学生在学习过程中投入的时间、精力和努力,包括用来学习的时间数量与学习时间内所作努力的质量。学生投身学习的程度也就是学习积极性、主动性的程度,它将直接决定学习的成效。报告要求教师更多地使用积极的教学方法,要求学生为自己的学习承担更多的责任,并认为各种教学方法的结合使用是提高学生投身学习的有效方法,如吸收学生参与教师的研究项目和学习有关的课程,鼓励各种形式的实习和其他有严密指导的实践性学习,组织讨论小组,要求课堂发言和争论,在适当的学科发展模拟教学,为个人的自修项目和有指导的独立学习创造条件等。报告代表了教学方法改革的未来趋向,即以系统的观点看待教学方法体系,综合运用各种教学方法,提高学生自学和研究的能力。

(三)改革教学组织形式,适应现代科技发展及课程改革的需要

教学组织形式是影响教学效果的重要因素,近年来发达国家在积极探索新的高校教学组织形式。美国传统高等教育单位的学期一般采用两学期制,即秋季开始第一学期到冬季结束,春季开始第二学期,到夏季结束。为了合理进行学时分配,加州大学除伯克利分校外普遍实行季度学期制,即秋季为第一学期,依次冬、春季为第二、三学期,三个学期合称一学年。具体时间如表 3.12:

表 3.12　加州大学学年时间表

分校名称	第一学期		第二学期		第三学期	
	开学	结束	开学	结束	开学	结束
戴维斯分校	9 月 26 日	12 月 17 日	1 月 3 日	3 月 14 日	3 月 29 日	6 月 7 日
欧文分校	9 月 24 日	12 月 14 日	1 月 2 日	3 月 22 日	3 月 27 日	6 月 15 日
洛杉矶分校	9 月 24 日	12 月 14 日	1 月 2 日	3 月 22 日	3 月 27 日	6 月 14 日
里弗赛德分校	9 月 21 日	12 月 22 日	1 月 8 日	3 月 24 日	4 月 1 日	6 月 16 日
圣迭戈分校	9 月 19 日	12 月 10 日	1 月 9 日	3 月 24 日	4 月 2 日	6 月 16 日
旧金山分校	9 月 10 日	12 月 31 日	1 月 2 日	3 月 31 日	4 月 1 日	6 月 16 日
圣巴巴拉分校	9 月 19 日	12 月 10 日	1 月 3 日	3 月 16 日	3 月 26 日	6 月 8 日
圣克鲁兹分校	9 月 26 日	12 月 17 日	1 月 3 日	3 月 14 日	3 月 29 日	6 月 7 日

资料来源:德万德著:《加利福尼亚大学》,湖南教育出版社 1986 年版,第 99 页。

日本的一般大学都是采取两学期制,全学年分为前期和后期,但在前期中间穿插着一个时间较长的暑假。这对于教育效果不仅有一定的

影响,而且对教师和学生进行国际交流也有不便之处。筑波大学创建后,实行三学期制,具体时间如下:

第一学期——授课时间从 4 月 16 日起,至 6 月 23 日止。6 月 24~30 日为期末考试。

第二学期——授课时间从 9 月 1 日起,至 11 月 18 日止。11 月 19~25 日为期末考试。

第三学期——授课时间从 12 月 1 日起,至 2 月 21 日止(12 月 26 日~1 月 7 日为寒假),2 月 23~28 日为期末考试。

加州大学和筑波大学的改革,虽然没有彻底改变传统学年制,但对它的发展变化将带来一定的影响。

讲座、学院、系等传统的教学组织形式也受到了挑战。例如,筑波大学以学群取代传统的学部与讲座,把课程分为如下的三个学群:第一学群是极具基础性的学术领域,可以说是基础学群;第二学群初步具有应用性,并且包括文化和生物领域,可以称之为文化、生物学群;第三学群完全是工学性质的,可以说是面向未来社会的学群。英国以苏塞克斯大学为代表的"新大学"对学院的教学组织形式也进行了革新,这在有关章节已有介绍,这里不再重复。

从世界范围内看,教学组织形式的改革趋势还不明朗,传统的教学组织形式仍然占有支配地位。但是,在科技进步的推动下,在高教系统内其他力量的驱动下,教学组织形式将会不断得到发展,新的教学组织形式必将出现并确立其应有的地位。

第四章　高等教育的管理

一、高等教育的管理体制

(一)高等教育的组织层次

为了有效地考查世界各国的高等教育管理系统,首先必须搞清楚权力所处的层次。因为:①它有利于涵盖高等教育管理系统的所有部门;②它克服了以往对管理权力的模糊论述,找到了权力定位的具体方法;③限制了随意将比较的级别上下移动,作出不同属的比较;④它有利于阐述或比较一个或几个较大的、非常复杂的高教管理系统。高等教育系统大致具有以下几个层次:

第一个层次:基层运行单位。一般是讲座、研究所、学系。讲座是把基层权力交给讲座占有人——讲座教授——一人负责,其他人只处于从属地位的制度。讲座组织产生于欧洲中世纪大学的行会传统,一直是欧洲和拉丁美洲绝大多数大学的传统基层组织形式;在亚洲和非洲,讲座组织甚至比美国的学系制度影响还大。研究所是一个独立的教学和研究单位,拥有全部必要的人员和设备,几个讲座占有人可以分享研究所的权力,分别负责该研究领域的不同方面。在讲座系统内,研究所和讲座常常融合在一起,经常会出现这样的情况,一个教授既是讲座持有人,也是研究所的领导人,如联邦德国。学系不同于讲座和研究所的学术个人独裁,而是由许多具有相同地位的高级教授承担责任、分享权力,副教授和助理教授参与某些工作和管理也较便利。学系制已走进世界许多国家的大学体制,日益发挥着重要作用。许多国家的高等教育系统中,不只存在一种基层运行单位，而是多种单位共存。如英国，讲座占有人可能同时也是系主任，但组织工作的基本单位仍是学系；对于日本几乎所有大学来说，系都是最基本的组织单位，而名牌国立研究型大学的最小单位是讲座。如今讲座制已日益变成了一个不合时宜的结构，因为它无法适应知识量增加和学生入学增加；它使讲座教授负担过重，其他人员则无所事事；它肢解了学院和大学，使学科四分五裂。与之相对应的是系科制灵活的应变能力，因此欧洲大陆国家的教育系统于20世纪60～70年代从讲座制向系科制演变，这种趋势在拉美国家也越来越明显。但系科制也并非完美无缺，它总是无法合理处理通才教育和自由教育问题；边缘学科的大量出现，系科组织数量大增，使大学底部过于肿大，因此系科制也在改造过程之中。

第二个层次：学部（faculty）或学院（college 或 school）。严格来讲，这三个单词的含义并不完全一致，然而它们都有相似的地位，位置高于第一层次，而普遍低于第三个层次，为了研究的方便，我们把它们归为一个层次。学部产生于中世纪大学①，是欧洲大学的传统层次，其主要职能是培养高级专业人才，实现自由教育的理想，这种状况在 19 世纪得到了改变。欧洲，尤其是德国的哲学部承担了科研任务，而美国则在文理学部的基础上建立了文理研究生院。欧洲的学部由全体正教授会议控制，学部主任是荣誉性质的；而美国在学院层次却是强有力的，行政官员具有很大权力②，但行政官员是任命而非选举产生，并有一定任期，教授则是终身制的。这种任命制有助于减少改革阻力，使学部能够在必要时作出一些困难的决定，并能贯彻实施这些决定。这一层次在各国相差悬殊，其改革与第一层次紧密相连。1968 年根据富尔法的精神，法国打破了原来大学和学部的建制，建立了 600 个左右的教学和科研单位（UERS）③，

①传统的中世纪欧洲大学，有神学、法学、医学和哲学 4 个学部。——作者注
②行政官员有权处理教师任用、课程设置、学位颁发、学术活动开展等活动。——作者注
③UERS 是法文 unité Enseignement et de Recherche 的缩写。——作者注

促进大学跨学科合作。教学科研单位介于系科和学部之间,但属于第二层次。

第三个层次:大学本身。传统的大学只有一处校园,它有自己的自治权和学术自由,学生和学者在这里聚集,传递和发展着高深学问。现代大学变得越来越复杂了,从机构上来说,表现出两种趋向:一是学校实体的规模越来越大,学生越来越多,内部结构越来越复杂,甚至出现了巨型大学(multiversity),如罗马大学,注册学生曾达到3万多人;二是出现了拥有众多分校的大学。这种学校目前还在形成与发展中,它比传统单一校园分散得多,通常也更大。目前这种大学不仅存在于一国内部各分散的地区,而且跨国大学分校也出现了①。这两种趋势使高等教育系统之间联系日益松散,开放程度更高,一个结果就是大学行政的独立和专业化。

第四个层次:地方政府。第五个层次是中央政府。中央和地方政府对高等教育的管理的总和构成了传统意义上的教育行政内容。一个国家教育行政主要由两个方面决定,一个是教育自身发展的特点,一个是国家的政体。国家的政治体制制约了教育行政部门的设置状况和权力分配关系。美国是典型的地方分权国家,教育行政权力和法律责任自然属于各州,形成地方分权的教育管理体制。法国现代高等教育集权开始于法国的大革命和拿破仑的帝政体制,一直延续到今天。教育的大多数决策是由巴黎的教育部甚至是内阁作出的,权力是垂直运行的。英国高等教育传统上实行双重制,分独立自治的大学系统和非大学的公共高等教育系统,地区级的大学管理机构英国不存在,国家级的权力由教育、科学部和大学基金会分享;公共高等教育部分由教育和科学部以及由郡级市议会推选出的委员会管理;那些社会团体办的师范学院,以及那些有它们自己的校董会的特殊院校(如民族学院)属于例外。近年来,高等教育体制又有巨大变化②。教育行政制度的中心矛盾就是中央和地方政府

① 见 Australian Campus for Malaysia The Times Higher January 26.1996.
② 见王承绪:《英国高等教育改革的新阶段》,《外国教育动态》,1991年第3期。

的权限划分,这表面上是集权和分权的运动,实质上是教育的传统、现状以及中央和地方对高教承担责任的价值的综合表现。

政府和高等教育系统的关系,不仅表现在中央和地方教育主管部门之间的权力分配上,还表现为高等教育机构同政府机构隶属关系上面,它们主要有以下几种模式:单一公立系统中的单一机构部门;单一公立系统中的多重部门;多重公立子系统多重部门以及私立和公立系统并举的多重机构部门。第一种模式,整个高等教育系统几乎是统一的国家系统,最上层受国家教育部领导,如意大利拥有国有化的公立大学系统。此外,只有少数附属机构。第二种模式,高等教育只受一个层次的政府部门管理,但却存在多种类型的机构,典型情况是主要部门为一批大学,此外还有一个或几个以职业技术教育或师范培训为基础的非大学部门,由不同政府部门主管。如泰国的公立院校分为两种主要类型,大学和专门化学院,还有各种各样的院校招收剩余学生,它们归属不同的中央部门管辖,大学由大学事务署管理,师范学院和职业性学院由教育部领导,七所护理院校归公共卫生部管理。第三种模式,高等教育存在许多州级系统或省级系统,但不同程度上受中央政府的影响。如英国高等教育具有多样的机构,传统上实行双重制,大学由英国中央政府管理,其他非大学机构由地方教育局管理和资助。第四种模式,高等教育中存在多重机构,分为私立和公立两大系统,由不同部门管理。战后,政府,尤其是中央政府加强了对私立高等教育系统的控制,私立院校之间以及私立和公立院校之间教育资源的竞争愈演愈烈,一些院校纷纷在竞争中寻求自己的特色。日、美是这种模式的典型国家。日本的高等教育机构分为尖子国立大学、其他国立大学、由市级政府资助的大学、类型质量差别很大的私立大学和学院、私立短期大学等,这些高等教育机构分别由不同部门管理。美国高等院校分类广泛,20世纪70年代竟有20类之多!每一个州系统由3种基本类型组成,州立大学、学院和社区学院,私立大学参差不齐,有质量最高的大学,也有名不见经传的学校。战后,美国联邦政府也加强了对私立和公立高等教育的控制。

(二)学术权力

层次形成了系统的框架结构,下面我们以系统的层次结构为基础,从下到上论述学术系统中存在的权力:

教授个人统治　来源于古老的中世纪大学和社会传统,受到教学和研究自由思想的支持,又由于教授在学术上地位和官僚所赋予的权力而强化。教授个人权力是学术地位衍生的结果,有时会与官僚在学术中建立秩序的意图相悖。教授个人统治在讲座制为基层运行单位的高教系统中,或者在国家和学校权力都软弱无力的地方,更是明显。在以系科制为基层运行单位的高教系统中,或者在国家集权、院校级权力有力的高教体制中,教授个人统治受到削弱但仍然存在。无论是在哪种体制的高校中,一般都存在这种情况:教育层次越高,尤其是在高级研究和教学工作中,这种个人权力越强有力。

教授团体统治　高等教育机构中的地位指标不是金钱而是由才学所形成的学术地位。在这里具有平等地位的教授组成团体对机构进行集体控制,这是传统权力的古典类型。学术团体历来控制广泛的校内事务,具有很大的权力。在以讲座制为基础的体制中,教授的集体统治往往是学院和大学组织中唯一的协调机构,而在以系科制为基础的体制中,这种类型的权力也是教授们喜爱的管理系科的方式。

行会权力　是个人权力和集体控制权力的结合,这种权力既是古老的大学传统,又是高等教育的现实。我们常常可以注意到高校中存在这样一个事实:某个教授拥有自己专长的学问领域,他(或她)又和其他教授组成某个团体,实施集体权力。无论怎样,团体和个人之间总是会产生利益上的分歧和矛盾,需要协调。在意大利学者行会中,教授个人统治占上风,在英国,则是集体权力占上风;教授集体统治经常会以学术"官方"的面目出现,与教授个人统治共享某个学术领域的权力。历史证明,行会权力不会随现代国家的出现而消失,而是渗透到政府部门,政府部门的组织形式在某些地方也会反映行会特点。

专业权力　专业人员的专业权力来源于他对专业知识的占有,并不是他有什么特权。然而专业人员可以通过多种多样的方式来行使专业权力,如教授个人权力、专业团体的权力、官职地位和政治斗争。专业权力是一种弥散性的权力,在大专业中很难进行全面控制。专业权力被分解到运行层次,以特定的方式来表现。各国专业化的权力并不相同,但影响专业权力表达的不是专业程度的差异,而是与机构的结构以及专业人员在结构中的地位有关。例如,美国的专业权力比意大利普遍,这与美国学术机构较强的行政能力有关。

董事权力　反映了外行与内行共同治校的结果。董事制度是指校外人士代表某方面的利益组成团体,对学校进行一般控制和管理。董事会可以代表公、私两方面的利益。从高校管理角度看,它是一所高校的长期监护人、法定的管理者,决定着高校的命运,高校的重大改革和发展都要事先征得校董事会的同意;从校董事会角度看,它是外行人士直接参与高校管理,决定高校发展的组织。董事会可以是公立的,也可以是私立的。美国相对独立的校董事会制便是适应美国制度的好例子。在不实行校董事会制的高等教育体制中,外行参与高校管理的方式是间接的、不稳定的,但一般地说,公众的利益也可以通过立法手段或行政手段间接地得到体现。

院校官僚权力　官僚结构突出的是强调正式的组织规则、非个人权力、任职和法定的职位权力等。现实中存在着不同的院校级的官僚权力。欧洲大陆型高等教育体制中,服从于官僚势力的行政管理人员主要集中在中央部门,院校一级的官僚权力非常小。美国则不同,州有着左右公立大学发展的官僚权力;在院校层,院校行政人员形成一个具有很大权力的官僚层;学部层次,也表现出强有力的特点。

政府权力　是政府因负有高等教育的某些责任而管理高等院校的

行政权力。政府对高教的管理权力因历史、国别不同而不同,但一个共同的趋势是政府日益加强了自己管理高校的权力。这导致了一个明显的事实,即公共行政机构扩大、层次增多和长期专职人员的增多。政府高教行政人员的增加给高教管理带来了重要的影响,这些行政人员日益形成了一个独特的利益集团,形成了一个文化层,这些官员在按照自己的利益和价值观管理高校的同时,需要寻求合作伙伴,例如在欧洲大陆体制的高等教育中,教育部官员与教授分享权力,而在美国是中央官员直接与校董事会和院校官员打交道。

政治权力 在政府日益加强对高等教育的责任的时代,政治权力对各国的高教发展具有重要影响:政治权力存在于广泛的政府机构当中,代表整个国家,在一定程度上制约了高等教育的发展;政府各部门的性质受到一般政治权力的影响,制约了教育行政的力度和变革的效率,如意大利那样的联合政府,由于权力过于分散,难以制定重大改革法规;由于强有力的政府存在,法国有利于通过重要的高等教育法案。以国家的意识形态为基础形成的政府结构所产生的政治权力,对高教的影响表现为其意识形态的统治性,这在社会主义国家表现得很明显。

全系统学术权威人士权力 学术权威不仅控制着基层高教组织的运行,而且他们的权力向上扩张,影响高等教育的各个层次,但是各个层次学术权威人士的权力各国并不相同。在欧洲大陆体制,教授有把自己的权力扩大到全国的能力,作为高级专业人员,他们是上层官员的重要成员。英国的学术界高级人士也在中央机构中担任职务,并在决策中占优势。美国教授个人或集体在全国体制中影响较小,层次较高的协调组织是董事、院校或政府行政人员管理,尽管如此,美国的少数教授也可发挥影响整个体制的作用。学术权威在体制中的影响力由学者的传统声望、高级教授行会的力量以及教授集团与其他利益集团的力量对比关系来决定。教育民主化运动并没有削弱高级教授在全国,甚至最高层次影响的迹象,相反,专家协调和参与决策与管理却被认为是发扬管理民主、削弱官员独断的形式和结果之一。

这种根据系统结构层次分述权力的方式是一种合理的分析方式,尤其是在高等教育这样一个复杂的、松散连接着的系统更是如此。它容易首先接近高等教育系统的实际,避免泛泛的模糊不清的分析,它可以使我们在注意系统结构的基础上,详细比较各国高等教育系统。事实上,这些权力只是为我们分析高等教育管理提供了基础,它们可以细分,可以扩展,也可以组合,因而高等教育管理呈现出一个复杂的权力系统。

(三)院校等级

在一国的高等教育内部作为高教体制主体之一的高等院校之间存在着诸多差别,存在着法律上的等级或事实上的不平等。院校等级是院校之间纵向分类形式,主要存在两种等级形式:一个是以高等院校在体制中所承担的任务、所达到的目标不同而形成的等级,我们把它称之为次第等级,在这种等级体制里,等级由政府政策决定,这些政策决定了院校的职能目标、所获得的权力和资源等。如美国的社区学院和州立学院的区分,社区学院给入学者提供 2 年的本科普通教育,州立学院与这 2 年相重叠,可完成社区学院的目标,又可向上延伸,使入学者能拿到学士或硕士学位;日本帝国大学崇高的地位和声望主要不是来自平等的竞争,而是源于国家的教育政策。第二种形式是以院校的声望为基础而形成的等级,我们称之为地位等级。地位等级既可以通过自由竞争而形成,如美国的名牌私立大学与其他私立大学;也可以由政策造就,如日本的帝国大学。在很多情况下,政府政策并不有意要形成某些高校的地位等级,但各高校可以利用政策来谋求或巩固自己在高校体系中的地位。

院校等级范围在各国差别很大,从陡峭有峰的结构(如日、英、法)到相对平坦的结构(如意大利)都可找到,它反映了各国高等院校等级序列的差异。对院校等级分类的态度,政府官员、学生、公众和高等院校并不相同。不分等级的高校体制固然可以实现相对的,甚至是表面的自由、公平,但它容易造就平庸、产生惰性、抹杀竞争,形成一个缺乏活力的僵化体制。随着入学人数的增加、高等教育规模的扩大,这种体制带来的结果是不堪重负、任务冲突、缺乏联系、穷于应付。高校的等级体制可以通过彼此的竞争,实现自然分流,完成院校多样化任务,促使高校主动适应社会市场需要,保证优秀院校的高质量。高校的等级体制可以分化职责,把一些活动安排在单独分离的机构中进行,如美国的社区学院、英国的"开放大学"、墨西哥的地区技术学院,这样无疑提高了系统的适应性,然而高校的等级体制对于等级不同,尤其是差异很大的高校,则容易出现马太效应①。这种效应,巩固了地位、声望高的高等院校的地位,但容易造成一些院校模仿这些名牌院校的局面,容易使一些院校经常处于竞争的不利地位,容易造成名牌大学的僵化和保守。日本的研究人员指出:东京大学和京都大学垄断高级职位的现象,已经导致了严重的裙带关系,造成学术上的"近亲繁殖"和"孤芳自赏",一定程度上造成了地狱般的入学考试竞争和基于大学出身的名望偏见。②

(四)体制动力

1.国家

国家不只通过行政的,而且通过立法和司法机构以官僚的或政治的权力影响高等教育。宪法和有关教育法律规定了一国的高等教育体制。因此,一国的教育管理体制也是法律允许之下的体制。在一定程度上教育管理体制的变革还有赖于有关法律的解释和修订,至少需要法律的许可。二战后,国家在促进高等教育变革中的地位越来越重要。国家要参与高等教育,就必须进行机构改革、增设机构、配备人员、制定政策、提供资金,进行宏观调控,这一切意味着高等教育管理体制需要适应国家发

---

①关于这个问题请参阅马丁·A·屈罗的论文《地位的分析》,王承绪主编:《高等教育新论——多学科的研究》,浙江教育出版社 1988 年版。

②Arimoto,Academic Structure in Japan,P.36.

展的需要。

2.市场

完整的高等教育市场应该包括 5 个方面:一是生源市场或教育需求市场。在竞争的高等教育体制中,生源市场决定了一所高校的存亡。二是科技服务市场。这是高校运用自己雄厚的科研力量所形成的市场。三是职业市场。包括学术劳动力市场和就业市场。在这个市场面前,高校必须采用措施吸引优秀人才,形成高质量的教师科研队伍,必须使专业结构适应就业结构,使课程设置、教学质量、培养人才的素质满足社会需要。四是信息市场。信息灵敏才有利于寻找知识增长的突破口,把握学术研究的动态。五是商品市场。在市场经济条件下,高校可以开展有偿服务,创办公司实体或进行产学合作,通过这样的形式来赢得市场和发展的实力。总之,市场为学校发展既提供了动力也提供了压力,有利于高校提高主动适应社会经济的能力,有利于高校在竞争的环境下谋求自身的发展。同时市场作为高教资源配置的方式,有其自发性、盲目性和利己性特点,如果任其发展,会造成资源的强制性平衡和周期性破坏,同样会造成教育资源的损失。另外,社会精神文明、政治信念等方面并不能在市场的条件下自发形成,这表现了高等教育的特殊性。

3.高校自治

高等学校自治基于生产和传授高深学问的认识论哲学信念[①],但近代以来,随着国家的介入、社会各界广泛的参与以及教育民主化的浪潮,高教自治的范围越来越小。自治再也不足以成为高校远离社会的挡箭牌,象牙塔成为历史陈迹,高校也成为密切联系社会的公共机构。应该说私立高校比公立高校有更多的自治权,然而私立高校的自治权也在缩小,无论是美国还是日本,私立大学财源 20%左右都来自政府[②]。政府的

---

① [美]约翰·S·布鲁贝克著,王承绪等译:《高等教育哲学》,浙江教育出版社 1987 年版,第一、二、三章。

② 王一兵:《论西方市场经济国家的高等教育运行机制》,《科技导报》,1993 年第 1 期。

拨款是有条件的,接受政府的拨款就必须受政府相应的约束。私立学校的大政方针由董事会决定,但董事会中相当部分属于校外人员,校长由董事会聘请并负责执行董事会的决议。大学自治权的缩小是历史的必然,它对高等教育的管理体制具有重大影响。

高校自治权的萎缩所带来的权力的重新配置和管理体制的变化,增加了高校在变化了的时代存在的合理性。但高校自治并不总会成为有利于高等教育管理体制变革的因素,它固有的惯性、内部集团的即时利益、权力在变革中失去的危险、对自身利益的过分关注、传统的观念和价值等都有可能会成为阻碍变革的因素。

二、影响高等教育管理的三个重要因素

(一)国家的管理

与中世纪相比,现代国家对高等教育越来越重视了。所有存在高等教育的国家,都建立了对高等教育实施管理的机构,行政管理、官僚控制、政治渗透已成为当今世界高等教育的现实,高等教育已成为一个日益重要的社会部门,对国家政治、社会进步、经济发展和文化繁荣承担着越来越多的责任,以至于在有的国家,高等教育的自治权很少甚至消失。在欧美国家,大学还保留一些自治权,不过权限日益缩小,由于民主化的发展和国家竞争的需要等,国家也日益加强对高等教育的管理。在这些国家,大学传统的自治、民主的参与、利益集团控制高校的管理传统,使得权力在中央与地方、政府与高校、高校与社会之间分配的过程中表现出复杂的关系,使得国家体制规定与实际运作之间存在着较大距离,如美国就是这方面的典型。

1.集权与分权

集权与分权并不专指政府之间的关系,也可指政府和大学之间以及大学内部的权力分配关系,这里我们所指的是中央和地方政府、上级政府与下级政府之间的关系,即国家教育行政组织的权力配置。我们常说,美国是地方分权的高等教育管理体制的典型,法国是中央集权的典型,而日本则反映了中央政府和地方政府合作制的特点。这仅是泛泛而谈,世界上不存在绝对集权或完全分权的政府组织形式,任何国家的政府组织之间都存在合作关系,集权和分权不过是标志权力分配的一般特点,它的形成既有历史原因,也有现实原因,是各集团冲突以致最后妥协的结果,单纯集权和分权并不具备完美体制的特点。

是集权还是分权的高教管理体制更能促进高等教育的发展？主张分权的人可能会认为:分权有助于高等教育对地区的适应性和文化上的关联性;有利于提高地方对高等教育的责任,增加地方对高等教育的投资;有助于鼓励地方社区的成员参与高等教育,并有可能通过高等教育寻求解决地方社会问题的有效途径;分权比集权的教育制度经济效益会更高。这些分析有利于解释像美国、联邦德国等一些实行地方分权制的国家的高教管理体制,但这些看法也面临着批评:①效率和分权之间是否存在必然的联系？如果这种联系存在,分权国家的管理效率肯定比集权国家高,事实上如此吗？②中央集权国家当前也在实行教育权力的下放,如墨西哥、韩国等国,然而在这些政治文化强调集权管理的国家,如何分权才能使教育制度更加有效？如果分权导致对私立高等教育的赞同,这是否有悖于教育的民主和公平？③分权不仅是权力的下放问题,还涉及政府结构、财政体制和价值观念的转变,在一个地方缺乏财政自主权,习惯于听命中央的官僚政府体制中,教育的分权如何更符合社会的需求和政治上的期望？还有,地方分权是否会造成统一的政治和文化的丧失,民族的、政治的凝聚力下降？是否会成为中央政府推诿责任,甩"包袱"给地方的理论的口实？

在广大第三世界,包括拉丁美洲、亚洲一些国家,国内经济恶化、财政困难、政局不稳给高教管理带来严重的困难。过度分权会阻碍高教发展,因此一方面有必要采用中央集权的教育制度,来保护高等教育,使高等教育有能力为国家发展服务;另一方面,在经济困难的情况下,分权会严重地损害公平,扩大地区的差别。在美国、西德这些联邦制国家里,20世纪也出现了明显的中央集权的趋势,这主要是高教的发展对国家日益重要等原因造成的。苏联、法国实行高等教育管理中央集权也有其长处,首先,它适应了本国的历史和政治传统,在苏联,是苏联教育部和各专业部实行中央集权体制,这是与苏联集权政治体制相适应的;而法国则由国民教育部实施领导,这种集权体制植根于拿破仑以来的管理体制。中央集权制的高教制度,有利于保护全国的政令统一和全国性行动,有利于把中央的决策变成全民的意识和行动;这种体制也容易造成体制的僵化保守和官僚主义盛行,不利于发挥地方政府的积极性、主动性和创造精神,在统一的计划中容易造成计划不科学而产生失误,如苏联在教育改革中走极端的情况,法国在1980年自治问题上的弯路[①],即是这一问题的反映。

总之,中央集权和地方分权是由各国的历史和国情决定的,我们无须把哪一种政府组织形式奉为经典。中央集权和地方分权与效率并没有必然联系,衡量一国的教育行政是否具有高的效率,不是以该国是中央集权还是地方分权的管理体制为依据,而是以该国制度的实际运行效果为依据。中央集权与独裁,分权与民主各不相同,重要的是各种制度下人民参与管理的可能和程度。一个良好的教育行政管理制度,起码应该遵循两个原则,一是它有利于民族文化的缔造和发展,有利于形成维护全国各族人民共同利益的统一的文教政策;二是它有利于保护一个国家文化的多样性,满足各种具体的社会政治需要。中央集权和地方分权多点还是少点,只是具体形式,关键是看这个形式满足上述两个原则。

2.高等教育规划

随着高等教育职能的多样化和高等教育对国家社会发展的日益重要,世界上许多国家通过制订高等教育规划和专门人才预测,来发展高

[①]参见[日]吉田正晴著:《法国大学的自治与管理》,载《东北师大学报》教育科学版,1988年第3期。

等教育,教育规划因此成为国家管理高等教育的重要手段之一。

　　苏联通过 20 世纪 20 年代的工人大学组织和 30 年代对熟练技术人员需求的 5 年预测,率先进行了高等教育规划的系统性研究,二战后,苏联高等教育规划的原理和方法为东欧社会主义国家所采用。20 世纪 60 年代,由于经济发展对专门人才的需要、入学人数的激增、国家对高等教育宏观调控的需要,以及由于国际组织的推动,不论西方国家还是发展中国家,兴起了高等教育规划的热潮①。高等教育规划成为各国政府协调和控制的普遍策略,成为战后世界高等教育管理的一大特征。20 世纪 70 年代后,高等教育规划这种新的管理形式被证明也不是一个成功的尝试,这很大程度上是因为高等教育规划本身还不是一门精确的科学,预测经常会有失误,因此单是高等教育规划本身不能完全解决高等教育的社会适应问题。尽管 20 世纪 70 年代以来,国际上对高等教育规划持悲观态度,但世界各国非但没有放弃规划高等教育的努力,反而对高等教育规划的研究日益深广,高等教育规划目前仍作为政府宏观管理的重要手段而存在。

　　不同经济制度、不同发展水平、不同意识形态的国家或国家之间,高等教育规划各不相同。发达资本主义国家的教育规划意在弥补市场机制的不足,扩大国家对高等教育的干预。在发达国家之间,由于政治概念、集权和分权以及政府与高校之间关系的不同,高等教育规划也不同。有的国家如法国和瑞典,高等教育规划具有连续性;但在美国政府级的规划大部分存在于州级,联邦级的规划几乎不存在。在发达资本主义国家,高等教育规划在协调中央、地方和高校关系方面起到了积极作用。但也存在问题:①由于规划的指导性和方法论的缺陷,由于没有国家强制手段保证,在复杂的社会冲突中,规划的目标没有能完全实现。②前期的高等教育规划注重数量,而没有注意到质量,20 世纪 80 年代这个问

---

①详见郑继伟著:《高等教育规划论》,杭州大学出版社 1991 年版,第 8～9 页。

题已经被注意到,经合发组织(OECD)在1980年曾指出,高等教育规划不仅要注意可能的硬指标,如人口、经济等,也要注意态度、信息、权力结构等软指标。③高等教育规划过程也有问题,大部分规划针对社会热点问题,规划的过程反映的是政治的折中和利益的平衡,以至于被动地解决问题而不去主动地利用规划去影响和控制高等教育的发展。苏联、东欧等社会主义国家的高等教育规划是计划经济体制中在中央政府的集中统一领导下,有目的、有步骤地进行的,规划的贯彻以法规或行政的力量来保证,教育规划是国民经济和社会发展规划的一部分。社会主义国家高等教育规划为社会主义国家高等教育经济社会的发展起了一定的积极作用,充分体现了国家调控的力量,但是很快暴露出其不足:①在规划中几乎完全排斥了市场的作用,造成了高校对行政的依赖,不利于高校主动适应社会经济的变化。②规划的制订和实施,依靠行政手段,培养了严重的官僚主义。③社会主义国家在制订教育规划的过程中,往往采取各部门逐级上报统计汇总的方法,结果造成了明显的地方本位主义,多报或少报根据本部门的利益决定,从而造成了中央部门获得信息的失真、规划的失误。④过分追求平衡一致,放弃了对整个高等教育效率的追求等。第三世界国家的高等教育规划是在极为特殊的国内国际经济条件下起步的,国家发展对高级专门人才的需求刺激了在教育规划过程中过多地注重高等教育层次,以至于造成高等教育与其他阶段教育的脱节、教育资源的巨大浪费、高级人才外流以及中级专门人才不足等许多社会经济问题。吸取教训,第三世界国家20世纪70年代开始在教育规划中注重普及基础教育。①

   "高等教育规划的历史是重新认识高等教育与经济关系的历史。"②历史表明高等教育规划作为国家宏观调控高等教育的手段,可以对国家和社会发展做出重大贡献。但是高等教育规划本身无法解决高等教育

---

①参见郑继伟著:《高等教育规划论》,杭州大学出版社1991年版。
②郑继伟:《高等教育规划论》,杭州大学出版社,1991年版,第104页。

与经济的适应问题,再科学地规划也不可能一劳永逸地科学,必须注意规划的连续性和反馈性调节,科学地认识规划和促进规划的科学化是高教管理中的重要课题。

3.法律

教育法治化是现代社会教育管理的基本特征,用法规来管理高等教育已成为世界各国政府通行的做法。目前,各国正在努力完善高等教育立法,不断加强司法监督,以保证教育法律的至上性。各国政府对教育法实施的态度不同。在许多国家,教育法的至上性并没有像刑法、民法等其他法规那样认真地加以保障,从而使教育法仅仅起到一种目标导向和宣传的作用。这种情况,在教育立法的初期出现过。随着各国政府对法律认识的加深,这种情况越来越少了。

二战后,世界各国纷纷通过立法管理本国的高等教育,重视法律的制定、执行和监督。美国的联邦与州有各不相同的立法权和司法权,形成一个完善的立法与司法体系,州必须在遵守联邦宪法的前提下立法和司法,管理本州的高等教育,而联邦立法也并不违宪,因为它符合宪法第一条"增进一般福利"的规定。1958 年国防教育法,1963 年高等教育设施法和 1965 年的高等教育法,对 20 世纪 60 年代美国教育发展起了重要作用。美国前总统克林顿也注意通过立法改革高等教育,他入主白宫不久,便推出了两项对美国高等教育有重要影响的立法协议,直接贷款(Direct Lending)和国家服务(National Service),这两项协议是关于美国大学生贷款和还款改革的法律①。英国 1987 年的《高等教育白皮书》、1988 年的《教育改革法案》规定了英国高等教育目标、质量和效率的要求、资金的提供方式以及改革的方向等。日本政府的现代教育行政组织是根据《文部省设置法》和《国家行政组织法》《关于地方教育行政的组织及经营管理的法律》等一系列法律建立和运行的。《大学设置标准》也是一个

---

① 见丁康:《克林顿政府高等教育政策管窥》,载《比较教育研究》,1994 年第 5 期。

重要的法规性文件,它对各大学、学部中应该开设的课程和科目作了详细规定。1987 年 9 月,日本国会又通过了《大学审议会设置法案》,有利于日本 20 世纪 90 年代的教育改革。

高等教育法治化是历史的必然,而法律则是政府调控高等教育的有效手段。

4.财政资助

财政资助是国家通过国家预算和决算,直接用于高等教育事业的经费。财政资助有各种各样的形式,随国家政府组织形式、财政体制和教育体制的不同而不同。如美国的联邦政府主要用财政的手段满足国家的需要,实现联邦对高等教育的有限控制。联邦拨款采用专款专用制度,拨款的使用受到严格监督,如果拨款的使用不符合联邦意图,则拨款即被取消。美国各州都有较独立的财政体制和教育体制,通过拨款调控本州的高等教育发展,州拨款包括普通拨款和专项拨款两部分,有以学生数为基础的统一拨款,还有为平衡各地差别的均衡拨款,州通过各种形式的拨款,一定程序上控制了本州和下辖学区的高等教育拨款。英国则采用财政委托的形式,利用大学拨款委员会这一中介形式掌握全国大学的拨款事务,这一制度曾为各国所称羡,认为这是发挥大学自治权力的有效形式,不过这一制度在近年来已有所变化[①]。政府的公共教育支出一般受到一国政府即时的经济发展状况影响。在工业化国家,20 世纪 60 年代高等教育大发展时期也正是世界资本主义战后出现的第一个黄金时期。20 世纪 70 年代以来,世界经济的发展势头降低,工业化国家面临财政困难,因而削减教育拨款或者向地方推诿责任,从而造成高等学校经费紧张。而广大第三世界一些国家由于高等教育的不适当发展、财政经济状况的恶化,政府表现出无力应付本国规模庞大的高等教育的局面,高等教育也因而处于极不稳定的经费紧张状态。

---

① 见魏洛书编译:《英国高等教育改革》,载《外国教育动态》,1990 年第 1 期。

一般说来,二战以后,各国都认识到了高等教育对一个国家的重要性,因而政府重视教育经费的支出,高等教育经费占教育总经费的一大部分,政府资助也因而成了高等学校重要的甚至是主要的财源。在苏联,高教经费的 84％以上由公共资金拨付,法国历年高教经费的 90％以上由政府提供。[①] 在联邦制国家里,政府支出也是高校重要的经费来源渠道,美国几乎所有的公立或私立高等学校都受政府某种形式的资助,1981～1982 年度,政府支出高教经费占全部公教育费的 1/3,其中 2/3 用于公立高校,1/3 用于私立高校。[②] 1986 年,美国联邦政府拨款占整个高等教育经费的 12.4％,州政府占 29.8％,地方政府占 2.6％,合计为 44.8％。[③] 任何国家的教育支出都体现了国家的意志和利益。意大利为了改变南方的科技文化落后局面,政府计划拨款在南部建一些科学园区和一所高等工科学校。日本为了面向 21 世纪的发展,计划对教育、科研和文化、体育进行重点投资。法国在 1989 年把教育列为国家的首要任务,3 年内高校经费增加 40％,5 年内提供 230 亿法郎的大学校舍建设费、55 亿法郎的学生资助。[④] 总之,教育拨款是国家分配教育资源、调控教育的一种有效形式,它可以在一定程度上体现教育发展的国家意图,反映国家参与教育管理的程度和能力。在市场经济条件下,国家的拨款方式也趋向多样化,即变一部分直接拨款为间接拨款或专项拨款,用市场竞争的方式来刺激各高校的活力,通过市场信号来体现国家对教育的宏观管理。

5.国家服务

国家服务是指国家教育行政机关对本机关或其他有关机关或部门提供的教育信息服务。从系统论角度看,一个合理的政府组织结构系统

①周满生:《四国高等教育管理体制改革的趋向》,载《教育评论》,1990 年第 5 期。

②郭鑫、季明:《美国的教育管理系统及其职能》,载《外国教育》,1988 年第 4 期。

③周满生:《四国高等教育管理体制改革的趋向》,载《教育评论》,1990 年第 5 期。

④邢克超编译:《欧洲高等教育的行政和财政》,载《比较教育研究》,1994 年第 1 期。

必须由决策系统、执行系统和监督反馈系统组成,完善的信息收集、处理系统是决策正确的前提。因此,教育行政部门必须完善自己的信息收集、处理系统,采用现代技术,促进信息收集、处理的全面、准确和效率。从社会进化的角度讲,传统的管理是一种权威形式,而现代民主的管理中有一种概念,认为管理就是服务,当然由于法律所赋予管理部门的正式权力,服务并不排斥权威形式。从教育行政部门在管理体制中所处的地位看,教育行政管理部门作为政府结构的组成部分,有搜集全国或地方教育信息、引导教育系统良性运转的便利条件。以政府管理部门的身份,提供教育信息服务,教育行政部门责无旁贷。

国家服务的形式是多种多样的:包括各种讲演、讲话、谈话、汇报、采访记录、政府文件、法律法规汇编、政报、统计资料、调查报告、教育科研成果展或成果集等。渠道也是多种多样的,国家可以开动宣传机器,通过各种直接或间接的、官方或非官方的渠道向社会公布。国家服务遵循层级有效的原则,一般的,地方负责提供地方的教育国家服务而中央政府则负责全国的教育国家服务,从而形成一个国家教育信息系统网络。

许多国家在教育行政部门中设有专门的国家教育服务机构。法国的国民教育部设有国家教育与职业资料室、国家教育研究与资料室,信息特别任务团等机构负责教育资料的收集、处理与传播,研究现代教育媒体,促进教育决策的科学性和合理化。韩国教育部的企划管理室有调查、审查和分析教育政策的权力,有教育统计和分析、期刊发行、法规集的编辑发行、法令咨询等职能。日本的文部省规定每年都要印发教育白皮书,向社会提供文教行政情况和有关政策信息。

美国的教育国家服务很值得一提。虽然联邦的教育行政权受到限制,但是国家服务却成了美国联邦教育部门的传统一直保留下来。在加菲尔德(James. A. Garfield)的倡议下,1867 年,美国国会通过法案,设立联邦教育部,其职权为"搜集全国各地教育统计及事实资料,以期明了全国教育形势及其进步情况;传播有关学校组织管理及教学方法等方面的新知识,协助美国建立有效的教育制度,促成教育目的的实现"。[①] 1869年教育部降格为联邦内政部的教育司,负责教育调查统计,以后联邦教育部门几经变动,但这个职能一直保留并得以加强,从1871年开始,联邦的教育部门每年公布有关高等教育的调查报告和统计资料。从1962年,每年出版教育统计摘要和其他专项统计资料。州有依法对全州所辖的高等教育机关管理的权力,它负有与其职责能级相符的教育国家服务项目,如汇总学校工作报告、评估总结、统计资料并加以公布、推广教育科研成果和教育技术、举办教育展览、进行示范教学等。地方学区则负责收集本学区内的有关教育信息,并将信息上报州政府有关主管部门。因此美国从中央到地方形成了一个教育信息服务网络。这个网络对美国的高等教育管理起着重要作用,并有利于进行有效管理。

总之,国家通过教育行政权力的配置、法律、规则、财政资助、国家服务等手段管理着本国的高等教育,由于历史传统、现时的政治体制、国内利益集体的冲突等因素的交织,这些手段在各国呈现出不同的特点。

(二)中介机构的权力

中介机构的概念和类型。中介机构不只是政府和大学之间建立的缓冲组织,它是政府和大学之间的,对高等学校不具有直接的行政权力,但对高等教育管理产生重大影响的组织。中介机构不仅包括英国的大学拨款委员会或高等教育基金会,还包括各国的教师、学生、校长联合组织,一些高等教育基金会,民间高等教育质量监督机构以及政府的高等教育咨询审议机构等。

根据组织游离于高校系统的程度,中介机构可分为偏重于政府型的、偏重于高校型的和中间型的3种类型。偏重于政府的中介机构,主要是指政府设立的官方或半官方的咨询、审议拨款、评估等组织,这些组织

---

①陈学飞:《美国教育行政与学校管理制度形成和发展》,载《教育研究》1992年第6期。

之所以划为中介机构，是因为它们虽然属于或基本上属于官方机构，但这些机构只是高等教育行政的辅助机构，或是协调政府和高校之间关系的机构，这些机构活动虽与教育行政组织有关，但不具有独立的教育行政权力。这些机构虽然是偏重于官方的机构，但其成员组成一般由高校资深的专家、学者、社会各界热心教育的人士和政府官员组成，只是构成比例各国并不相同。偏重于高校型的中介机构是指由高等学校行政人员或者教学人员或者学生等人组成的跨学校、跨地区乃至全国性的组织。这些组织或是维护各个主体的利益，或是为了统一控制高校的学术质量，或就高校面临的问题进行磋商，或是向政府提供建议、咨询和要求等。中间型的中介机构是指民间成立的对政府教育行政或高等学校管理有重大影响的机构。民间的中介机构权力各不相同，从高等教育的一个方面，到大学的招生、考试、教学、科研、组织机构、人事、设备、经费等方方面面，甚至对大学的发展方向和质量规模起着不可忽视的作用。

中介机构的功能是指中介机构在运行过程中所承担的职责、所起的作用。

中介机构的功能有如下基本方面：

不同的中介机构在运行过程中的功能是不同的。如西德的大学校长会议功能是协商有关成员单位的科研、教学和培养科学人才的事宜；法国全国高等教育和科学研究审议会根据有关法律规定，对高教的方针和政策进行咨询，并对高等教育改革提供意见和建议，苏丹的大学拨款委员会和巴基斯坦的委员会职责是控制招生总量和学额在各校之间的分配。英国的学术评价委员会功能是关注教育质量的提高。20世纪初期成立的美国大学教授联谊会目的就是从当时专制的校长手中争取一些掌管学校学术事务的权力，英国的全国大学副校长委员会已发展成为一个所有大学学术首脑参加的中央学术机构，大学可以依靠该组织向中央的决策反馈集体意见，可以就共同关心的问题与英国大学拨款委员会以及教育和科学部进行协调。

同一类组织在不同的国家政治体制中发挥的功能也有大有小。如美国地方分权的政治体制，重视发挥民间组织的作用是该国的社会特点，在这样的社会环境中，美国的 COPA（理事会专认证）具有很大的权力，它的评估质量得到美国政府的默认，并把它作为对美国高校资助的重要依据，其他财团基金会也把 COPA 的评价结果作为依据，至于各高等院校要想成为美国大学协会的一员，得到政府和资金会的资助和优惠，必须花钱请 COPA 来校评估。因此，在高等教育市场上，美国的 COPA 对保证高等学校的基本质量发挥了重要作用。日本是中央和地方合作制的政府体制，中央集权的传统仍然在日本现代社会中得到注重，表现在教育评估上就是政府通过评估标准法制化控制高等教育的设置，大学设置审议会是文部省对高等学校设置认可的咨询机构，国立大学以外的其他各类大学都要通过大学设置审议会审议，由文部省批准。至于大学建立后的质量鉴定和激励则交给民间组织——日本大学基准协会。该协会依法制定了许多质量评估标准，对日本大学的办学目标、学术事务、行政和财政等方面进行详细的评估。

就是同一中介机构在同一国家的不同历史时期的功能也不完全相同，这主要是社会历史变迁的结果。英国的大学拨款委员会的变迁就是一个典型例证。英国大学拨款委员会是在 1919 年作为国家政府和大学之间的"缓冲器"而建立起来的，其职能是"调查联合王国大学教育的财政需要并向政府建议关于议会满足这些需要所拨款项的分配事宜"[①]，向财政部负责。1946 年，大学拨款委员会的职能得到修订，除了财政方面的职责外，又增加了"搜集研究和颁发有关国内外大学教育情况的资料，与大学和其他有关团体协商，帮助制订并执行为保证大学充分适应国家需要的有关大学的发展计划"[②]。到 20 世纪 60 年代早期，委员会不再向

---

①C.H.Shinn：Paying the Piper：The Development of the University Grants Committee 1919～1946 The Falmer Press 1986，P.13～14.

②王承绪：《英国高等教育改革的新阶段》，载《外国教育动态》，1991 年第 3 期。

财政部而向教育和科学部负责,政府对公共开支的全面规划,20 世纪80 年代高教经费大削减,破坏了委员会和政府以及大学的亲密关系,使委员会处于腹背受"敌"的境地,无法再继续维持下去,于 1989 年被大学基金委员会代替,该委员会改变了原委员会的拨款制度,把教学和科研经费明确区分,采用指导价格的拨款制度并兼有为校外系科提供资金的责任,其他功能与大学拨款委员会相似。由于英国高教结构的巨大变化,1993 年,大学基金委员会又被高等教育基金委员会所取代。

尽管不同中介机构的功能不同,不同国家政府体制下中介机构的功能大小不同,不同历史时期同一国家同一中介机构功能不同,但归纳起来,中介机构主要有以下几个功能:①避免高校和政府的直接冲突,起到缓冲器的作用;②可以在合理的限度下,保护大学的自治权和学术的自由,保障并协调大学行政人员、教学人员和学生的权益;③有利于社会各界对高等教育及管理的广泛参与;④政府可以相对超脱高等教育具体事务,发展民主决策的优势,有利于科学决策,促进本国高等教育的顺利发展;⑤有利于管理的专业化形成的管理团体之间的交流,有利于对管理人员的培训,有利于提高决策的水平。

任何事情都是辩证的,中介机构确实可以起到上述作用,但在实际运行的情况下,中介机构也会对高等教育管理产生负面影响:①有些国家只在财政紧缩的时候,才给予中介机构实际的权力,这时中介机构实际上起到的是替政府逃避责任、缓解高校的不满情绪的角色,充当的是"替罪羊"的角色;②在市场经济条件下,中介机构所支出的经费一般是有条件的,在不正常的情况下,高等教育可能因之做出满足某个集团的私利、损害高等教育名誉、不利于人类社会进步的事情;③在中介机构所代表的集团利益尖锐冲突的情况下,民主也会损害决策的效率;④管理的专业化并不能必然使管理符合人民的利益和社会的进步,专家也会有私利,因此,必须通过民主的程序对中介机构进行监督。

总之,中介机构是高等教育管理的一种重要的管理形式,它有复杂的结构类型,与社会组织形式有着密切的联系,可以起到正反两方面的作用。不过总体上来说,中介机构反面作用是次要的、可以克服的,而其正面作用是主要的。惟其如此,中介机构才在世界高等教育管理中起着越来越重要的作用,成为一个普遍的管理现象。

(三)大学校长的权力

大学校长是高等教育机构的高级行政人员,他是形式上(如英国大学的校长)或实质上的(如美国大学的校长)最高负责人。像英国、肯尼亚等国校长只是荣誉职,遇到颁授学位等重大典礼时出席。如肯尼亚总统为内罗毕大学的校长,作为国家的元首和校长,他任命大学理事会的成员,在与大学理事会商议之后,任命副校长。英国的副校长是经过皇家特许的首席学术和行政管理官员,由大学理事会任命,他是大学理事会、校务委员会和评议会的联系人,负责大学的全面管理和对外交往工作,在英国的高等教育界享有崇高声望。因此,在有些国家,由副校长行使着正校长的职权,它是实质上的而不是名誉上的大学校长。这就为大学各国校长权力的比较带来很多的麻烦。因此,在比较或论述大学校长的权力的时候,必须要搞清楚该国校长是荣誉的还是实质上的,以免"望名生义"。

1.校长的任期

校长的任期不能太短。高等教育管理是一项极其复杂的工作,一般说来,校长需用1年的时间来稳定自己的地位,熟悉各部门的工作;任期最后1年,也不会取得很大成效。取得成效的时间一般在中间,如果任期

过短必然会妨碍校长才能的发挥和学校真正能取得进步。在一个日益复杂多变的环境中,大学要找准方向,服务社会,增强实力,培养优秀人才,绝非一两年之功,而必须要经历一个较长的时期,哈佛大学成为世界著名的研究型大学,是与3位校长(艾略特(Charles Eliot)、劳威尔(A.L.

Lowell)和康南特(Conant))的努力分不开的,这 3 位校长审时度势、锐意改革,任职共达八十几年,深刻地改革了哈佛的面貌。最后一点就是大学改革之初会有许多的不解、误解甚至中伤和其他巨大的阻力,要说服反对派转变态度在很多时候是靠改革的成果说话,而大学改革要取得立竿见影的效果是很难的,校长任期过短,可能会使正确的改革流产。美国大学校长任期平均 7 年左右,社区学院 5 年,公立学术性大学为 10 年,私立大学校长的任期长于公立大学;英国的副校长职务一般在 50 岁左右获得并保留这个职位到 65 岁左右退休;法国的大学校长任期 5 年,不连任;日本的大学校长任期 4 年,还有可能再次当选;意大利的大学校长任期 3 年。校长的任期应与校长的选拔及校长的工作能力相结合,以下几种考虑将有利于大学的发展:一是严选大学校长,防止不称职、无远见的校长的出现;二是强化试用淘汰机制,及时将不慎当选的不称职校长撤换;三是有必要规定一个适合国情的校长任期,这个任用期要能够有使校长全面发挥工作能力的时间;四是任职期满,一个合格杰出的校长应该能够连任,如果他愿意的话。

2.校长的权力

高等教育是一个极其复杂的并且日益需要外界资助的系统,是一个对国家和社会日益重要的社会部门,因此,任何现代国家都不会把大学管理权完全交与大学校长。事实上在所有国家的高等教育管理体制中,校长的权力总是受着明显的制约。

制约可能来自国家,这在以集权为特征的教育管理体制中表现得异常明显。如法国自 20 世纪 70 年代设置校长职位以来,实行校务委员会领导下的校长负责制;1985 年以后又实行行政委员会、科学委员会和学习及大学生活委员会等 3 个委员会领导下的校长负责制,校长主持 3 个委员会,与 3 个委员会一起对学校行政事务作出决策,但中央集权制的教育行政体制使高等学校所享有的决策权很少,主要是一些比较具体的学术和行政事务。苏联依照有关法律,严格管理高等教育,制订高等教育的方针政策和办学条例。党组织在苏联高等学校中起着重要作用,在团结学生、教师、工人和行政人员贯彻中央的方针、政策中起着保证监督作用。因此,苏联大学校长的主要职责就是在党委的保证监督下,在本校范围内贯彻执行并监督实施党和国家的有关规定。国家对高等学校的控制是政治权力和官僚权力的组合,反映了国家对高等教育发展方向和结果的关注,如法国传统的高等教育自拿破仑时代以来就有牢固的培养国家精英的传统;苏联的高等教育是为社会主义建设服务的,高等教育规划是国民经济和社会发展计划的重要组成部分。分权的国家,也保留对高等教育的控制权,如美国联邦可以通过拨款和立法等手段反映中央政府的高等教育意图,而州政府则有控制高等教育的很大权力。国家政府可以通过一系列规定,反映自己的意图,影响着大学校长权力的行使。

制约也可能来自社会。社会影响大学校长的权力可以通过组织的手段和非组织的手段,非组织的手段包括个人捐赠、个人声望、舆论宣传等形式。组织的手段可分两种,一种是建立校董会、基金会等形式的组织,大学资金的提供者、学校董事会成员,可以通过校董会选聘校长,或辞退校长,如在美国,校长必须对董事会负责;另一种,校外人士也可以通过参与校内民主团体来影响校长的权力;如法国的大学校长必须在 3 个委员会的制约下行使其权力。这 3 个委员会中,行政委员会中校外代表占 20%～30%,科学委员会中研究生和校外人士的代表占 20%～40%,学习及大学生活委员会中校外人士代表为 10%～15%[①],这 3 个委员会在校长的主持下,具有决策权,校外人士代表在委员会中较大的比例一定程度上体现了在高度集权的法国教育管理系统中的社会参与状况。

制约还来自学校内部。西方的大学中评议会、理事会、教授会等类似的组织在各国高等教育管理中起着各不相同的作用,权力差别很大。

---

①刘鹏主编:《高等学校校长负责制浅论》,辽宁大学出版社 1986 年版,第 152 页。

有审议型的组织,如苏联高等学校的校务委员会;有决策型的机构,如联邦德国、南斯拉夫、法国的大学机构;有决议型组织,如日本国立大学的教授会和评议会。教授会、评议会和理事会这类组织一方面仍反映着高级学术人员对校政的控制,另一方面也反映了集体参与高等教育管理的现实。自 20 世纪 60 年代以来,这类组织不再是高级学术人员的一统天下,而是越来越多地容纳了低级教学人员、校工和学生的代表,这是集体民主参与高等教育的结果。如加州大学学术委员会包括所有在该大学工作的具有讲师以上职称的教师、主要行政管理部门负责人以及一些具有其他相应衔位的职工,学术委员会设有议会,由各分校按比例选举代表加上常任议员组成。法国大学行政委员会中学生代表占 20%～25%,职工代表占 10%～15%,学习及大学生活委员会中,教师、学生代表占 70%～85%(两者各占一半),行政、技术、工勤人员占 10%～15%[①]。

在所有国家中,制约校长权力的因素都不止一种,而是国家政府、校外力量及校内复杂势力相互平衡的结果(只是各国平衡结果不同)。作为一校之长,他(或她)当然有法定的正式权力,但也存在着许多非正式权力,这主要是由校长本身的能力、素质、修养、工作的深度和广度等因素造成的。一个大学校长,必须善于运用自己的正式权力,取得大家的信任和支持,又要运用非正式权力,赢得别人的尊重和自己的声望,这有助于其正式权力的发挥。

3.校长职能的变化

对于传统的大学校长,人们似乎有个固定的看法,认为他一定是某个领域著名的专家学者,他学术造诣深厚,懂得高深学问的管理,能够领导学术活动,对重大的学术问题可以作出决定;他的主要活动在校内,以教学和科研为主要任务;他能在院校自治和学术自由的传统高等教育哲学指导下把大学不断引向前进。

---

①刘鹏主编:《高等学校校长负责制浅论》,辽宁大学出版社 1986 年版,第 152 页。

对大学校长的传统观念根植于"二战"以前的社会土壤。"二战"以后,尤其是 20 世纪 70 年代以来,社会环境的变化、经费的困难使人们对大学校长的传统观念发生了动摇,给大学校长的素质提出了新的要求,在压力下工作的大学校长不得不重新思考自己的职责。

首先经费的困境使校长不得不花极大的精力去为学校赢得经费。外交能力、经济头脑成了校长的一个基本素质。校长的工作再也不只是在校内,校长首先成了"外交家",他要有广泛的影响、很强的活动能力,要能为学校拿到钱。例如美国的大学校长现在普遍关心的是财政和生源问题,把主要的精力放在拉赞助、争生源和应付公共关系上,很少有时间参与学术管理。加州大学伯克莱分校的人认为,大学校长第一紧要的任务是取得财源,这与 R.A.罗尔登 1967 年作的一个调查的结论一致:美国大学校长工作时间的 30% 处理财政问题,20% 用于社交及与校友交际(校友的帮助总是宝贵的),10% 用来处理物质方面的问题,20% 的时间处理教学问题。[①] 这绝非危言耸听,而是现代高等教育中铁一般的事实。让我们看一看经费困境会对大学产生多么严重的后果:20 世纪70 年代中期以后,美国高教经费匮乏,20 世纪 70 年代被迫停办的私立院校几乎是新建私立院校数量的 2 倍,1970 年存在的私立初级学院到 1978 年 1/5 已经关闭;20 世纪 80 年代初 90% 以上高等学校财政恶化,入不敷出,实力雄厚的名牌大学也难以避免,芝加哥大学和哈佛大学 1976～1983 年期间,研究生人数下跌了 1/3,普林斯顿大学为了防止每年可能出现的 1 000 万美元赤字,提前开展 275 000 万美元的募捐运动。[②]

大学校长把主要精力放在财政问题上不足以成为大学忽视学校建设、科学研究、人才培养和社会服务的口实。因为这些是一个高等学校的立校之本,是争取学校经费的声望基础。在任何时候,学科建设、科学

---

①M.德韦兹 R.马克思著,张人杰译:《大学的行政管理:大学与国家》,载《外国教育资料》,1985 年第 2 期。

②见王斌华:《八十年代美国高等学校的管理改革》,载《外国教育资料》,1990 年第 2 期。

研究、人才培养和社会服务都是高校校长的根本任务，是校长工作的主要目标，而争取经费只是达到这个目的的有效手段。高校校长必须牢记这一点。

现代大学校长，需要具备企业家的精神，他不只满足于管理即存的组织，还应该有开拓创新、积极进取的精神。作为大学校长，他应该明确时代对高等教育的要求，具有深厚的历史感；要能够在尊重院校传统文化的基础上，锐意改革和创新，兴利除弊，形成适合自己大学发展的新的校园文化，建立一套为全校师生共同遵守的管理价值观和信仰。他既是校园文明的缔造者，又是大学发展的引路人和保护者，他要使院校能够渡过一系列难关，走向成功的彼岸。哈佛大学的校长艾略特、劳威尔、康南特，麻省理工大学的罗杰斯（William Barton Rogers）、沃尔克（Francis A. Walker）、麦克劳林（Richard C. Maclaurin）、康普顿（Karl T. Compton）、吉利安（James R.Killian Jr.）等是大学校长中的杰出的代表，他们缔造了举世闻名的哈佛大学和麻省理工学院。[1] 康涅狄格州的哈特福特大学校长斯芬·特策齐丁伯格则是一位商业式的企业家般的大学校长，他把大学投入市场，在《纽约时报》上买下整版的商业广告以吸引人们注意他的大学，为此，在他的任期内，学校得到的捐赠从每年的700万美元增加到2 100万美元[2]。

总之，环境的变化使传统的校长观已受到挑战，一种企业家式的、关注财政和大学声望的校长成为新时代的需求。新型的大学校长，不一定是校内人员，也可以由关心教育、具有开拓精神、富有高级管理经验和知识的校外人士当选。校长有必要获得并加强行政权力。在变革传统的管理体制的同时形成适合国情的校长负责体制，只有这样才有利于校长职能权力的充分发挥。

---

①王英杰：《大学校长与大学的改革与发展——哈佛大学的经验》，载《比较教育研究》，1993年第5期。

②马敬平：《美国大学校长的素描肖像》，载《外国教育动态》，1988年第4期。

三、高等教育管理体制的改革

世界各国高等教育管理体制多种多样,既有中央集权制,又有地方分权制;既有以计划调节为主的管理模式,又有以市场调节为主的管理模式。各国高等教育的管理体制通常与其社会文化传统、经济发展的水平和格局、社会的价值取向、政治制度以及高教改革的需要等诸多因素密切关联,各国的国情不同,其高等教育体制亦多有区别。

第二次世界大战以来,随着世界经济的发展、科技的突飞猛进,高等教育对社会经济发展的巨大影响力被越来越多的人所认识。各国为了有效地推进高等教育改革,使之能适应本国社会经济发展的需要,纷纷改革高等教育的管理体制。各国高等教育管理体制改革的具体内容及其程度虽不尽相同,但也出现了一些类似的倾向,如加强宏观调控、加强法制建设、建立中介组织、扩大高校自主权和完善评价体系等。

(一)加强宏观调控

在西方市场经济国家,高等教育的运行长期以来采用市场调节的方式,这种调节方式对其高等教育的发展产生了很多积极的作用,如促进各地区、各高校之间的竞争,增加高校发展的灵活性等。但同时也存在着不少问题:由于市场调节的自发性和无序性导致高校的某些短期行为和教育投资浪费;高校本身对市场需求的感知很难做到准确和及时,导致了新的供需失衡,引起部分毕业生失业;缺乏统一的办学标准导致了高等教育发展水准的不平衡,大学之间的学术水平相距甚远,毕业生质量参差不齐;各地各校财政收支情况的差别导致了教育机会分布实际上的不均衡等。而且,分权制和市场调节方式使国家的高教改革措施在推行中遇到了困难。为此,许多市场经济国家纷纷加强国家对高等教育的宏观调控。

市场经济国家加强宏观调控的基本内容主要体现在以下几个方面:

1.整建高等教育管理机构

以日本为例,日本政府为了推行第三次教育改革,1983年以来对文部省的机构进行了改革。为整建推进国立、公立、私立的综合性大学的行政体制,把"管理局"掌管的私立大学等事务,统一合并到"大学局",并把"大学局"改称为"高等教育局";鉴于统一地推进私立学校事务(新设学校法人的认可、对私立大学的援助等)的重要性,在"高等教育局"设立"私学部";为充实与加强对学校法人的经营管理的指导体制,在"私学部"新设"学校法人调查科"等。1987年,日本政府根据"临教审"的建议由内阁会议通过了《推进教育改革大纲》,并于1988年公布了修改《文部省组织令》等政令,再次对文部省的机构进行了大幅度的改革。日本政府的这些机构改革基本上体现了加强政府对高等教育的宏观控制,推进高等教育改革的意图。

2.加强高等教育计划工作

以美国为例,战后美国出现了州一级加强高等教育计划与协调的趋势。加州议会于1959年通过决议,责成有关单位制定高等教育总体规划,主要解决两大问题:①确定全州高等教育结构、各层次的作用以及它们之间的关系,消除或避免不良竞争;②迅速增加加州高等教育机构的招生名额,并相应增加教育经费,以提供充分而均等的教育机会。日本对计划调节工作一直比较重视,文部省经常制订并公布有关高等教育的规划,对高等教育的基本方向、教育结构、布局等进行调整,1976年的《高等教育整顿规划》和1986年的《新高等教育规划》即属此例。英国的教育科学部设有教育计划司,该司的工作虽然并不连续,但仍有计划的功能。此外,许多西方发达国家都有官方或民间的研究组织持续地对高等教育的发展进行预测和规划工作。

3.经费控制

西方发达国家的高教经费来源通常是多渠道的,但政府的投资(包括中央和地方政府)在高教经费中仍占主要地位。如联邦德国的高校经费主要由州提供,一般占高校总经费的 70% 左右,这种情况保证了政府对大学的宏观控制权。虽然由于各国的高教管理体制不同,政府向高校提供经费的方式也不一样,有的国家如法国采用直接划拨的方式,经费由对中央当局负责的行政官员分配;有些国家如美、英等国,则采用间接划拨的方式,经费由中央政府通过中间机构分配给学校,或由政府把经费分配权下放给由专业人员组成的委员会。但在实际上,经费分配的最终权力仍然掌握在行政当局和行政官员手中,政府可以通过确定总经费的数量、经费分配的方向和标准等方式对各地区、各高校的发展进行控制和协调。

4.社会参与

在发达国家中,社会力量对政府的宏观调控有着很大的影响。以日本为例,1955～1975 年日本产业界向政府提交了 15 份要求改革教育的报告,在很大程度上推动了日本的高等教育改革。美国各州议会和州长下设州高等教育协调董事会,负责制定高等学校教育的决策、审核经费预算等。

(二)加强高等教育立法

教育立法是 18～19 世纪社会关系大变动的产物,教育进入法律调节的领域,这只是资本主义社会产生以后才出现的现象,是现代社会和现代教育的必然要求。现代国家的法治化,现代社会教育权的国家化、社会化,现代教育的普及化、大众化,现代学校教育活动的复杂化、有序化,所有这一切社会的、教育的因素都对教育管理的法治化提出了迫切的要求,并使教育立法逐渐成为发达国家教育运行中不可缺少的组成部分。

西方发达国家的教育立法最早始于文艺复兴后欧洲的部分国家,其中尤以德意志公国为先,受马丁·路德(Martin Luther,1483～1546)领导的宗教改革的影响,德意志各公国于 16 世纪上半叶先后颁布了 10 余项学校法令,推行初等教育。此后,在新教普及的瑞士、荷兰、苏格兰等地,也普遍制定法令,设置学校,实行强制入学。这一时期的教育立法与现代意义上的教育立法有很大的区别,它更多地由教会规定和发布,具有教会法的性质。

随着现代工厂制度的产生,教育逐渐向现代化过渡,现代意义的教育立法也开始出现在工厂法之中。此后,大工业生产的发展使教育与生产劳动更加紧密地联系在一起,教育成了社会经济发展的重要组成部分,在这种情况下,许多国家开始普及义务教育的立法工作。到了20世纪,西方发达国家通过法律手段更多地干预社会的经济、文化、教育,法制渗透到社会的各个领域,有关教育的法律大量产生,其内容也更加广泛。

第二次世界大战以后,随着世界经济、科技的高速发展,教育对社会发展的巨大影响力为越来越多的人所认同,教育与社会各个领域的联系更加密切,教育活动的复杂性日益增加,世界各国开始把教育立法与社会治理协调起来,教育法规在所有法规中所占的比重越来越大,它所规范的关系也在不断增加。

西方发达国家的教育立法经过长期的变革和发展,已形成一个比较完善的教育法规体系。高等教育立法作为其中的一个重要方面,同样受到各国的重视。许多国家都把高教立法和法规监督作为一种重要手段,通过它促进和保证高等教育的发展,使高等教育符合本国的国情及其发展的需要。

世界各国的高等教育法规一般包括这样几个方面:一是宪法,宪法对高等教育的影响通常不是直接的,但它是地方法规和教育法规的立法、行政和司法的直接依据;二是教育法令,如1944年英国的《教育法》,日本1946年的《教育基本法》、1947年的《学校教育法》、1948年的《教育委员会法》等。这类法规对各级各类教育的基本制度作了原则性的规定,它们对高等教育有一定程度的直接影响;三是高教基本法,如德国的《高校总法》、日本的《大学设置基准》等。这类法规通常是指导和监督高等教育发展的直接的、具体的法规；四是涉及高校某些具体工作的法规，如有关招生、学生资助、高校统计等方面的法规，它只用以指导和监督高校有关方面的工作；五是高等教育方面的判例法，这类法规通常是法院在审判有关高教案件中形成的解释性和补充性法规，其涉及的范围非常广泛，成为高教立法和执法的一个重要组成部分。

近期西方高教立法的发展体现了这样几方面的特点：

（1）随着世界高等教育的发展，高等教育立法日益受到世界各国的重视，许多国家已经或正在准备运用法律手段来管理高等教育。

（2）在西方发达国家，高等教育管理的法治化已经形成，有关高等教育的法律法规日益增多，行政机关得到了一定的立法权，形成了通过立法来解决高等教育问题的机制。

（3）高等教育的立法、法规监督渗透到高等教育的各个方面，高等教育内部的各种问题，及其与社会其他部门的关系通常都有法可依。

（4）重视高等教育法规的整体化和合理化工作。由于各国高等教育法规的数量日益增多，有关法规的层次不一，制定时间跨度较长，其中难免有重复、矛盾或不合时宜之处，因此，许多国家都在着手高等教育法规的系统化和合理化工作，其中包括对以往法规进行系统汇编，根据目前高教发展的客观需要对有些法规进行重新审订和修改等。

（三）建立和完善中介组织

在发达国家中，政府往往通过中介组织来完成对高等教育的调控，其中比较典型的是英国。1919 年英国成立了大学拨款委员会（the University Grants Committee），该委员会从财政部领款，独立自主地向各大学分拨。这一委员会成立之初，政府为它规定的职责是：调查英国的大学教育在财政上的需要；就议会为满足这些需要应提供多少经费的问题向政府提供咨询。1946 年以艾伦·巴罗爵士为主席的巴罗委员会发表了一份《科技人才资源委员会的报告》（即《巴罗报告》），该报告给大学拨款委员会增加了以下职责：收集、检验和提供国内外与大学教育有关的信息；在和大学及其他机构协商的基础上，协助制订及执行为充分满足国家需要的大学发展计划。1988 年的英国教育改革法提出以大学基金会取代大学拨款委员会，并对人员进行了调整。与此同时，英国增设了多科性技术学院及其他学院基金会，以取代原来的公众系统高等教育的国家咨询团。学院基金会在结构、成员和操作模式上和大学基金会相仿。初期它的职责是完成各学院由地方管理向中央管理过渡。最近，这两个基金会被合并在一起，成立了高等教育基金会。

1931 年，英国设立了大学校长委员会（the Committee of Vice Chancellors and Principals），该委员会属于一个协商组织，其协商范围很广，如大学招生和选拔、津贴费、特殊补助、师资培训、研究生培养、社会服务、学校经费开支、审计、工资级别划分、国际合作等。由于该组织与政府以及大学拨款委员会的关系相当密切，其作用就不限于大学的具体改革方面，在国家政策的制定、经费的划拨等重大问题上该组织同样也起到了咨询作用。

1955 年英国成立了新的国家技术证书委员会（the National Council of Technical Awards），负责给技术教育中的优秀学生颁发证书。

1964～1992 年间，英国成立了国家学位委员会（the Council for National Academic Awards），用以监督大学以外的高等教育，即大众教育部分的质量，统一颁发学位。该委员会对大众教育的课程设置及大纲、有关各门学科的标准、各学科相关的实际经验教学的安排、入学标准、教师资格、校舍及设备、考试安排及校外考官的聘任、学校其他有关条件的审核等方面进行全面管理，该委员会有权指定代理机构审批课程设置及颁发各类学位、文凭和证书，这些代理机构的成员组成，与该委员会一样从高教界、工商界、专业人员和公众服务机构中选定。

英国政府与大学之间存在的这些中介机构在高等教育管理中起了很大的作用，首先，它使中央教育主管部门摆脱了具体事务，能集中精力处理高等教育的宏观发展问题；其次，它使政府与大学的关系有一个缓冲过程，政府的改革意图可以通过经济杠杆得以实现，而不必以行政手段来强制推行；最后，它维持了大学自主办学、教学民主的权利。

再以德国为例，1949年德国成立了联邦各州教育部长会议，这是一个自愿的、自我协调和互通情报的工作团体。由该团体全会选出的高等学校委员会负责处理跨地区性的高校事务，通过各州间签订协议来协调全联邦的高校事业，高等学校委员会的建议须在各州教育部长会议的全会上表决通过，并经过州议会批准，才能以法律、命令、公告等形式公布。

1957年，德国成立了科学审议会（Wissensachaftsrat）。该委员会负责提出促进科学和进一步发展高等教育领域的建议，包括：①在联邦与州提出计划的基础上制订一个促进科学的总计划，同时协调联邦与州之间的计划；②对联邦和州促进科学计划中的资金应用方面提出建议。

1970年，德国成立了联邦与州教育计划委员会，负责制订《综合教育计划》，提出教育预算，促进科学研究，革新教育体制等。该委员会的决议只具有建议的性质。

联邦德国的这些中介组织与英国的中介组织有一定的区别，其功能主要在咨询方面，而没有独立的权力，其决议通常只是一种建议，只有被各州议会认同后才能产生效果。

目前世界许多发达国家大多在政府与大学之间设有中介组织，这些中介组织设立的时间、性质、人员组成、基本功能等都不一样。总的来说，中介组织的发展大致存在3方面的趋势，即多样化、灵活性和广泛参与。

多样化主要就各国中介组织的类型而言。世界各国的中介组织主要包括这样几种类型：第一类中介组织是政府教育管理机构某些职能的延伸，如英国的高等教育基金会，它在一定程度上行使了英国教育和科学部的部分拨款功能。这类中介组织通常具有实际的权力，对高等教育的发展有直接的影响力。第二类中介组织是一种咨询机构，这类中介组织在各国普遍存在,其中有些组织对本国的高等教育发展具有很大的影响力,许多政府的高教决策、发展规划、改革方案都出自这些机构之手,如日本的临时教育审议会、法国的国民教育最高委员会等。第三类中介组织是一种地方或校际的高等教育协调机构,其主要功能是协调各地区、各校之间的高等教育问题如法国的大学校长联席会、英国的大学校长委员会、德国的联邦各州教育部长会议等。此外,如果从较宽的范围来看,各国普遍存在的一些民间团体也可以看做是一种中介组织,这些团体或组织经常研究高等教育问题,反映社会对高等教育的需求,对高等学校进行评价,它们通过发表研究报告或公布评价结果来影响高等教育。

灵活性是各国中介组织发展的另一个特点。目前世界许多国家都有一些固定的中介组织,但也经常成立一些临时性的中介组织,这些中介组织通常是为进行某些教育改革而设立的,改革措施实施后,有些组织被保留下来,有些则被撤销。如日本的临时教育审议会即是为了充分听取和反映国民的意见,把握今后教育发展的方向,努力进行教育改革而设立的。

各国中介组织发展的第三个特点表现为社会各界的广泛参与。英国大学拨款委员会的成员主体是学术界人士,改组为高等教育基金会以后,其成员大部分来自大学以外,在 15 名领导成员中至少有 6 名必须来自高教界以外的部门。1964 年成立的英国国家学位委员会,其代表规定由大学和高等技术学院代表、学位委员会辖下各类学院的代表和工商企业及地方政府的代表组成。在法国的中介组织中,最有地位的国民教育最高委员会的代表,目前就由教育部和政府各部代表、家长及学生团体代表、教师代表共 80 人组成。

(四)增强高等学校办学自主权

世界高等教育管理体制改革的第四方面趋势是增强高等学校的办

学自主权。

第二次世界大战以来,社会变革和发展的加剧,使高等教育的发展面临着许多问题,其中最关键的问题是高等教育如何适应社会的变化。为了解决这一问题,各国都在不同程度上增强了高等学校的办学自主权。以日本为例,日本的高等教育曾长期采用高度集权的管理方式。第二次世界大战以后,日本改革了教育体制,通过立法为高等教育的学术自由提供法律保证。日本的临时教育审议会把改革的背景归结为三个方面:①社会日趋成熟化;②科学技术的进步;③国际化的进程。他们列举了日本高等教育存在的一些弊端,诸如教育行政的划一性和僵硬性,妨碍着教育活力的发挥;大学教育缺乏个性,并且在教育和研究上得到国际评价的不多等,从而在其第二、第四次审议报告中明确提出了增强大学办学自主权的原则和方案。其第三次审议报告提出"大学作为一个独立的组织体和经营体,有权自行决定有关教育、科研政策,在自由的学术空气和严格的自我评价的基础上发挥创造性,开展优秀的教育和科研活动"。① 在第四次审议报告中,这一改革原则被具体化。现在,在改革后的日本高等教育管理体制中,文部省虽然仍有较大的职权,但对各大学只能进行原则指导,各大学在办学上享有较大的自主权。

法国于1986年通过了《德瓦凯高等教育法案》,该法案明确规定:"综合大学及其所属的国立综合理工学院均为公共高等教育机构。它们享有自主权。"②

英国政府也采取了一系列措施来扩大高等学校的办学自主权,其中包括改革拨款制度,使多科性技术学院和地方其他学院摆脱地方当局的过分干预;改革全国学位授予委员会的组织结构和工作模式,在保证学术标准的情况下允许各院校自己审批课程。1991年,《英国高等教育白皮书》对全国学位授予委员会的权限进行了讨论,认为在符合标准的情

---

①国家教育发展与政策研究中心编:《发达国家教育改革的动向和趋势》第二集,第465页。
②国家教育发展与政策研究中心编:《发达国家教育改革的动向和趋势》第二集,第655页。

况下,可以把学位授予权下放到更多的高等学校中去,扩大规模较大的高等院校的学位授予权,结束全国学位授予委员会的工作。

就目前的情况来看,世界各国的高等学校办学自主权大致包括了这样一些内容:一是经费权,包括多渠道筹措资金及校内经费的管理和使用;二是系科设置、专业调整、课程设置等方面的权力;三是教师聘任方面的权力;四是招生方面的权力;五是学位授予方面的权力;六是与社会广泛开展联合的权力;七是国际交流方面的权力,在上述这些方面,学校通常都能根据学校发展的状况进行必要的调整和改革。

为了避免或减少增强高等学校办学自主权可能造成的负面影响,各国都采取了一些相应的措施,来规范大学的行为。在宏观方面,政府通过制定法规,建立各类质量标准,调整政府资助方向,加强政府部门及民间团体对高校办学效益的监督等措施来影响高等学校;在高等学校内部,则通过董事会(如美国)、评议会、教授会(如日本)等制度来限制校长的权力,通过学校管理规范化和制度化方面的建设来提高高校工作的稳定性和效率。

在世界各国高等教育管理体制的改革中,增强高校办学自主权与加强政府的宏观管理是同时进行的。各国改革的侧重点则受其原有管理体制的影响,原有管理体制强调中央集权和严格控制的国家,近期的改革偏重于扩大高等学校的办学自主权;原有管理体制强调大学自治的国家,近期则更多地注重于政府对高等学校的干预。这种情况表明,各国都在探索既能保证高等教育稳定发展,同时又能使高等教育增强反应能力、适应社会变化的管理体制。

(五)广泛开展评估活动

为了促进高等学校提高办学水平,保证高等教育的质量,世界各国普遍开展了评估活动。评估活动最早出现在美国,此后加拿大、苏联、日本、德国、英国等国家也开展了评估活动。目前,世界发达国家的高等教育评估制度已比较完善,并成为高等教育管理体制的一个重要组成部分。

以美国为例,美国的评估工作早在 20 世纪初就开始了。1909 年,美国中北部地区高等学校协会制订了一些要求,并据此对高等学校进行鉴定,其目的是为了提高当时私立高等学校的办学质量。直到 1975 年,为了统一教育鉴定工作,才成立了全国性、非官方的高等教育评估机构——中学后教育鉴定委员会。该机构下设"学校鉴定团体委员会",负责组织高等学校的鉴定工作。

美国高等学校鉴定的目的,在于判别一所高等学校是否可以确认为一所合格的高等学校,其鉴定标准通常包括学校的任务及办学目标、教学计划、师资队伍及水平、财政状况、教学设施、图书资料、学生入学条件及学位授予、研究生培养、科学研究、继续教育情况、学校行政管理等 11 个方面,鉴定合格的学校才有资格参加高等学校协会,才有可能获得政府和私人的资助,以及与其他学校互认学分。

美国的专业鉴定是由"专业鉴定团体委员会"进行的,其具体工作由该机构下设的全国性专业鉴定委员会进行,如工程技术鉴定委员会负责鉴定美国的工程技术类专业。

除了对学校及专业进行鉴定以外,美国还开展高等学校的评价活动,如美国的国家研究会经常组织美国博士点质量评估委员会对各高校的博士点进行评价排名,其评价标准包括博士点规模、研究生情况、博士点声誉、图书馆情况、研究资助、论文著作统计等 6 个方面、10 余个项目。

日本的高等教育评估把高等学校的设置认可与质量评估分离开来,高等学校的设置认可由大学设置审议会负责根据大学设置标准进行审查,然后报文部省批准;高等学校的质量评估则由大学基准协会及其下属机构负责进行。同时,日本的新闻界、社会团体和个人也频繁地进行高等学校质量的评估活动。

在联邦德国,高等教育的评价由州政府及学校教授会负责,州政府根据《高等学校总法》等有关教育法令和规定,对高等学校进行审查、认可和评价,校内的教学、科研等方面的质量评价则由教授会决定。

世界各国的高等教育评估活动与其管理体制、学术传统等方面有很大的联系,由于各国的情况不一样,其评估工作也有很大的区别,但在宏观上,这一工作的发展仍有许多共同的特点:

(1)各国高等教育评估的目的主要在于保证高等学校的办学质量(包括教育、教学质量)。

(2)各国高等教育的评估工作通常与各国高等教育的管理工作紧密地联系在一起,新办高等学校的审批认可、高等学校的经费分配等都以评估为基础,评估结果对高等学校的发展有很大的影响。

(3)高等教育评估活动日益规范化、程序化,评估指标不断得到充实和完善,定期评估工作不断加强。

(4)高等学校内部评估工作不断发展,学校对院、系的评估,院、系对教师、学生的评估工作不断加强,这类评估与教师的聘任、学生的学习、就业制度结合在一起,成为高等学校内部管理的一项重要步骤。

(5)民间的评估活动更趋活跃,形成了强大的社会制约力量,对高等学校的发展产生极大的影响。

四、高等教育管理的未来

(一)开放的系统

管理系统的开放。20世纪的高等教育已经从过去的学术"象牙塔"中走了出来,日益走向开放。高等教育系统的开放必然带来高等教育管理系统的开放。在整个20世纪,尤其是"二战"后,这是一个清楚明白的现实:如面对日益扩大的入学需求,各国的高等教育数量、规模大大膨胀,又由于经济的困境和高校本身所需经费的大量增加,经费紧张成为一个国际性的高等教育问题。如何摆脱这种困境,谋求高教事业的发展成为高教管理者面临的一个极其重要而现实的问题。既然国拨经费不足以维持一国的高等教育，那么高教管理者的眼睛就必然转移到社会，注重生源和社会的捐赠，注重学校和企业的联合，注意办学的经济效益。注重高等教育与社会的联系是高等教育承担自身的社会责任的表现，是高校在21世纪的正确选择，也是以后高等教育发展的方向。

高校自治权的适应。高等教育与社会的紧密联系，使高等教育的自主权日益萎缩，这是高等教育适应社会发展的结果。现在已不是抽象地谈论院校自治和学术自由的时候了，发达国家高等教育的发展、第三世界高等教育国家化的历史都表明，高等教育自治从来都是与社会发展紧密联系，高等教育过去没有，现在没有，将来也不能在社会发展之外独立发展。如今的大学自主权已由于校外广泛参与高等教育管理打了折扣。高等教育的管理者必须在承担社会责任的前提下，在国家和社会赋予的职权范围内行使自己的权力。高校自主权的减小符合社会的发展，但没有自主权必然会损害高等教育事业，妨害高等教育主动适应社会经济变化的能力。因此在开放的高等教育管理系统中，必须处理好自主与控制的矛盾，根据就是有利于高等教育的发展并能有利于社会的发展。这本身就是高等教育管理的重大课题。有趣的是各国的高教管理改革总是不能完全有效地解决这个问题，高等教育的自主权不是过大就是偏小。

管理者素质变化。开放的高等教育管理系统要求高等教育管理者素质发生变化。高等教育的开放态势要求教育管理者一改传统的封闭的高等教育体系中所形成的价值观念、工作信念，用开放的适应高等教育发展的新的价值观念所取代。高等教育的复杂化和其重要的地位促进了教育管理法治化、专业化、科学化的发展，这就必须使教育工作者，一改过去经验管理的方法，而用科学的专门化的管理理论与其他相关科学的有关成果来武装自己，并依法行使自己的权力，进行科学的制度化的管理。瞬息万变的社会环境，高度复杂的高教系统，内外压力下的管理环境，都要求高教管理者具有开拓创新的精神，具有勇于奉献和敢冒风险的情怀,具有与人合作的能力等,这是高校工作者开创工作新局面所必备的自身素质。

(二)集体参与

高等教育管理的集体参与是对传统大学体制的变革,也是开放的教育管理系统发展的重要内容,与现代的民主思想紧密关联。

学术权力的变化。传统的欧洲中世纪大学几乎是学术寡头的一统天下,讲座教授享有很大的权力,其他教职员工没有参与学校管理的权力,行政的负责人由学术团体选出,并对它负责。近代以来,这种“先生大学”的管理模式发生了变化。

由于大学是学术团体,高级教授仍享有很大的权力。总体上高级教授的权力已经大大削弱,但各国有很大差异,行政权力已经渗透到基层,削弱了教授的权力,如美国大学的系科制中教授的权力就受到很大限制。在学校一级,教授的权力也得到削弱。教授仍可以通过评议会、教授会等组织发挥自己集体统治的权力。但这些组织的构成已经发生了很大变化,包容了许多低级教学人员、校外人士或学生的代表,法国的三个委员会就是如此。美国认为学术和行政的分离并不利于学校管理,必须由行政管理人员和教师共同对学校重大事务进行决策,随着高等教育管理的专业化和民主化,教授的权力延伸到政府国家层次,通过政治的或官僚的形式来行使自己的权力。如高级教授学者可以通过参与政府机构、参与咨询审议机构来行使自己的权力,表明了教授权力向国家层次的延伸。

国家政府的参与。国家政府是作为社会的代表参与高等教育管理的,由于高等教育对国家发展越来越重要,国家加强了对高等教育的管理。国家的教育经费成为各国高等教育重要的经费来源,国家用法律的、行政的、规划等手段管理着高等教育。作为教育的主管机关,高等教育部在世界各国建立起来,其机构日益庞大,地位日益上升,成为各国政府的重要组成机构。政府人员参与高等教育资源的分配,国家对高等教育管理的加强构成了高教管理的现实的趋势。但各国对高等教育管理的权力配置随各国的教育管理体制不同而不同,权力的加强可以从政府组织的各个层次上展开,像美国在"二战"后,联邦政府加强了对高等教育的控制,韩国和日本则经历了一个分权、集权再加强地方政府教育自主权的过程。墨西哥则是在实行权力下放,加强地方政府对高教的责任等。无论是中央集权还是地方分权的国家,无论是权力的上收或下放,始终应该注意的是政府内部权力配置以建立最有利于本国高等教育良性运行的管理体制为根本目的,而不能作为推诿责任的口实,更不能建立狭隘的地方主义的高等院校。

社会参与管理。社会参与高等教育管理是教育管理集体参与的重要组成部分,具有多种形式,学生择校、个人赠款赠物,或基金会拨款、参与校董会、与学校团体联合等。高等学校既是高深学问的机构,同时也是对社会和个人都有重要意义的机构。既然如此,在民主的社会中,社会理所当然地有权参与高等教育管理,同时社会的参与也有利于高等教育的发展,提供了高等教育主动适应社会经济变化的动力。学校与企业界联合是社会发展的要求,是高等教育发展的新天地。校企联合是高等教育发展的好形式。"二战"后校企之间的联合,以科学园、科研承包、合作科研、联合办学甚至建立企业大学等多种形式,在发达国家迅速发展起来;在发展中国家,这也成为高等教育发展的一大趋势,或以各种形式在进行着。历史的发展证明社会参与高等教育管理尽管使管理权力在学校和社会之间重新分配,尽管使高校自身的权力有所缩小,但创造出的却是一个目标明确、充满活力的高等教育管理体制。

教师和学生参与。教师和学生参与高校管理既是高等教育发展的需要,也是教育民主化的结果。20世纪60年代以来,在强大的学生运动面前,许多国家被迫允许学生参与高等教育,如法国、美国、拉丁美洲一些国家。高等教育规模的扩大使讲座持有人教学负担倍增,使他们不堪重负,影响了其科研和行政工作;广大低级教员处于无权的地位,在强大的民主化运动面前,他们也开始联合起来争取参与校政,分享讲座权力。20世纪70年代以来,像美国这样的国家,由于教师生活条件的恶化,他们组成教师工会来维护自己的经济权力。在许多国家中的高等教育集体参与机构中,如教授会、评议会、学术委员会等教师和学生都占有了相当比例的代表。这一切的结果使教师和学生参与高等教育管理合法化。

国家对高等教育管理的加强,社会的积极参与,学生和教师对校政的干预,教授在基层和校级权力的相对缩小和向国家层次的延伸,使高等教育管理体制中的各种权力处于纵横交叉的状态,任何决策的提出都是各方利益冲突妥协和综合平衡的结果。高等教育的集体参与,增强了高等教育文化的关联性,标志着高等教育系统在社会中具有改善人类集体生活质量的重大作用。接受高等教育在某些发达国家被认为是人类的福利和生存权而受到鼓励。

(三)特色永存

有些学者认为,高等教育的管理在其发展过程中有趋同的趋势。的确,广泛的民主参与,高级教授在学术事务中权力的旁落和向国家层次的延伸,学校行政权力的扩大,国家对高等教育的管理以及中央政府和地方政府对高等教育管理权力配置的反复等,是20世纪高等教育管理变化的内容,但这是否就意味着高等教育的管理将趋同呢?的确,在当今中央集权教育管理体制的国家在向地方政府放权,而地方分权的国家,中央政府加强了对高等教育的控制,但能否因此而得出结论,世界高等教育管理将趋同呢?

"趋同论"只是对当今高等教育管理发展趋势所作出的简单概括,而没有注意到,或忽视了高等教育管理变化中的社会因素,忽视了高等教育管理变革所赖以进行的广阔的社会背景。无可否认的是,世界各国的高等教育管理的发展有着一定的共同趋势,但同样无可怀疑的是,由于各国的传统、政治、经济和社会发展的巨大差异，由于这些差异对高等教育管理发展的制约，从而使各国的高等教育管理体制在发展的过程中不会趋同，而必然会形成各自的特色。

"二战"后，美国的高等教育管理体制发生了很大变化，作为地方分权制的典型，中央政府也加强了调控全国高等教育的能力，但由于美国社会的特点，压力集团对教育的兴趣和构成的独特压力，从而使美国的高等教育管理体制不会变成中央集权制。法国是典型的中央集权制教育管理体制。20 世纪 60 年代，在学生运动等的压力下，权力也在下放，但由于法国长期以来形成的社会习惯，中央集权也还是法国教育管理体制的主要特征。社会的力量是强大的，我们不能忽视它对高等教育特色体制的影响，如日本是传统的中央集权国家，高等教育的自治精神薄弱，"二战"结束时，美国试图以本国的教育模式来改造日本教育，但没有成功，日本又逐渐地加强了文部省对高等教育的管理，形成了所谓中央和地方的合作体制，大学的自治精神仍很薄弱。同是分权，但由于各国的具体国情不同，也会具有不同的特点，让我们看一看拉丁美洲一些国家的例子：智利，教育地区化，由中央制定规划和控制；哥斯达黎加，以地区教育部门为主，实行教育制度地区化和分权；秘鲁，教育部核心化，逐步按地理位置分权；哥伦比亚从职能上和按地理位置实行分权；委内瑞拉以教育地区化为基础实施分权管理。

特色体制。高等教育管理的特色体制是指适合一国国情的高等教育管理体制，它不是抽象的概念，而是具体的体制；不是独尊的口实，而是对教育和社会的真正适应；不是一成不变的、僵化的，而是可以而且必须是有所变化的，变化的根据就是要适应本国的社会和教育。因此，在高等教育发展的过程中，特色是必需的，是永存的，也是变化的，学习借鉴不可少。高等教育的管理体制改革从根本上讲就是在国际的合作与交流中形成适合本国国情的特色体制。

第五章　中国的高等教育

一、中国高等教育的发展历史

中国的高等教育,就其渊源而言,历史非常悠久。已出土的商朝时期的甲骨文中就有"大学"这一说法,《礼记·王制》中也有"大学"和"小学"之分:"小学在公宫南之左,大学在郊。"当代国内一些教育史学家认为殷商时期的"右学"是我国最早的大学。不管怎么说,在春秋战国以前,我国已出现有关"大学"的一些想法,包括产生了一本以"大学"命名的论著。

就制度而言,我国高等教育的发展大致经历了三个不同的历史阶段。

(一)第一个阶段:以经学为主的封建主义高等教育制度的形成

1.汉代的太学

封建社会的高等教育大致起始于汉代。汉武帝采纳了董仲舒"独尊儒术"的文教政策,极为重视教育的作用,包括听取了董仲舒作为"教化之本原"而提出来的"兴太学,置明师,以养天下之士"的建议,兴办了中央官学——太学。汉代太学的出现,标志着中国封建主义高等教育制度雏形的初步形成。

汉代太学,始创于元朔五年(公元前124年),学校设在长安,置博士弟子(太学生)50人。《汉书·儒林传》记载:"弘为学官,悼道之郁滞,乃请……为博士,官置弟子五十人,复其身。太常择民年十八以上仪状端正者,补博士弟子,郡国县官有好文学、敬长上、肃政教、顺乡里、出入不悖,所闻令相长丞上属所二千石,二千石谨察可者,常与计偕,诣太常,得受业如弟子。"因此,太学从一开始就有一套特定的入学考查与推荐体制。太学问世以后,在儒家势力不断强大的背景下,发展较快。太学成立之初只有 50 名学生,到昭帝时已有 100 名,宣帝时达 200 名,在"仁柔好儒"的元帝统治的时代,太学的规模扩大至 1 000 名,而到了东汉末年竟猛增到 30 000 名之众,并吸引了匈奴派遣青年前来留学。这一办学成绩,足以令今人惊叹。

经过一个较长时期的实践摸索之后,汉代太学逐渐形成了一个相对完善的教育体系。

首先,到了东汉,太学生生源途径固定为二:一是由太常于京师地方直接挑选,一是地方政府择优选派。太学生入学后有定期的考核制度,每两年举行一次,方法有口试、策试(即考查章句师法)、射策(相当于现在的抽签答题)等,以通二经、三经、四经和五经区分等第,考试合格者依据其所通经的多少授予相应的官职,不及格者或留校继续学习或退学。也是从太学这种体制开始,读书就与做官联系在一起。一方面由于太学修学无硬性规定的年限,另一方面由于太学的"高第者"有一个诱人的仕途,所以也时常出现"结童入学,白首空归"的人生悲剧,一些考场屡试屡败的失意者读白了头发也没能通过。

其次,在管理上,太学由九卿之一,即掌管宗庙礼仪的太常兼管。教师由封建朝廷任命,称为博士,因为每个博士只教一经并且是经学"权威"。博士的遴选,西汉与东汉略有不同。"按西京博士,但以名流为之,无选试之法。中兴以来,始试而后用。"①可见,东汉的教师选用已比西汉有所改进,即在荐举的基础上加上考试。太学有自己的校长(西汉时称"仆射",东汉时称"祭酒"),是从教师(即博士)中择优选拔出来的。

---

①《文献通考》卷四十·学校一。

太学的教学内容自然是官方强调的儒家经典，即五经(《诗》《书》《易》《礼》《春秋》)，采用单科独进的课程设置：学完一经后再学另一经。在教学方法上，比较重视自学和课余自由研习，相应地，讨论或辩论这种教学形式采用的比较多一些。当然，这并不意味着可以有"异说"，对任何议题的讨论，是不能偏离孔孟之道的。留传至今的《白虎通》，就是东汉时太学的教师、学生以及社会上关于经学讨论的"权威"一书。东汉时期，在洛阳一个叫白虎观的地方对儒家经典进行大辩论，章帝亲自出马主持这次辩论，最后由御用史学家班固整理成书，即为《白虎通》。章帝之所以亲自主持，原因盖在于要对最后的"定论"进行裁决。这种意图，从东汉末年盛行的把经过"正定"的儒家经文刻在石碑上并立于太学大门作为统治阶级认可的唯一标准(经文改动)的做法中也可看得很清楚。

2.唐代的高等专科教育

汉代太学这种高等教育的形式经过几百年兴兴衰衰的历史演化，到了唐代又有了一个较大的变化，并且形成了一个更为庞大、更为复杂的高等教育体系。唐代教育已形成包括普通教育、特殊教育、职业教育3个主要系统的相对完整的官办教育体系。在普通教育系统中，高等教育尤为引人注目。

唐代的高等教育，简单地说，由"六学"组成，即：国子学、太学、四门学、律学、书学和算学。其中，国子学、太学和四门学属于经学教育，律学、书学和算学属于专业(科技)教育。"六学"皆统归中央国子监(相当于现在的教育部)管辖。《新唐书·选举志》对上述"六学"有如下记载："凡六学，皆隶于国子监。国子学生三百人，以文武三品以上子孙、若从二品以上曾孙、及勋官二品县公、京官四品带三品勋封之子为之。太学生五百人，以五品以上子孙、职事官五品期亲、若三品曾孙及勋官三品以上有封之子为之。四门学生千三百人，其五百人以勋官三品以上无封、四品有封、及文武七品以上子为之，八百人以庶人之俊异者为之。律学生五十人,书学生三十人,算学生三十人,以八品以下子及庶人之通其学者为之。"以上记载表明:①唐代高等教育的办学形式已具有多层次,层次的高低部分地反映为入学条件(资格)的高低(在实际教育中,四门学生可升入太学,太学生可升入国子学);②唐代高等教育已部分地向平民开放,这不仅反映在律学、书学、算学等专业教育上,也反映在从事经学的四门学上;③唐代高等教育的办学形式也初步具有多科类的特点,除了经学以外,还有专业与科技教育,后者主要是面向平民子弟的。

唐代高等学校不仅在入学方面作出严格的规定与限制,在教育管理方面也比汉代太学更趋完善。《新唐书·百官志》在这一方面也有专门的说明:"国子监祭酒一人,司业二人,掌儒家训导之政。国子监博士五人,助教五人,掌佐博士分经教授。直讲四人,掌佐博士助教以经术讲授。太学、四门学,各博士六人,助教六人。律学,博士三人,助教一人。书学、算学,各博士二人,助教一人。"可见,唐代高等教育在管理上已对行政岗位、教师定编以及各自的职责、相互之间的关系都作了明确的规定。此外,在教学管理上,唐代高等学校也形成许多相应的制度。如日常考试分"旬试"和"岁试"两种,毕业还要进行毕业考试;学生考试不及格要重新学习,假如3次考试均不及格则要延长学习年限,但最多只能读9年(9年仍不能通过考试者便令其退学);每年5月放"田假",每年9月放"授衣假",对路程远的学生还另给路程假;学生如告假逾期,假毕返校逾30天、事假逾100天、亲人生病探视逾200天或在校期间品行恶劣、难于教育者,均令其退学;等等。

因此,唐代的"六学"标志着我国封建社会以经学教育为主导的高等教育制度已基本确立。唐代高等教育也一度辉煌无比,吸引了包括日本、朝鲜等国在内的一大批学子前来留学,并因此对世界文化与科技的发展作出了不容否认的杰出贡献。

(二)第二个阶段:以西方教育为模式的半殖民地半封建高等教育制度的形成

近代的"洋务"运动对中国社会,尤其是中国的教育所产生的影响是深远的。洋务派在"自强"和"求富"的口号下,办"洋务",兴"西学",主张实施"新教育",也即学习"西文"(外国语)和"西艺"(外国科学技术)。与此同时,当时的列强也开始在武力的配合下大举对我国实施文化侵略,提供经费、师资、教材等,在中国境内开办"新型学校",以求达到长期奴役中华民族的目的。在这种情势下,长期以来业已形成的中国本土的高等教育,从办学指导思想到办学体制均受到极大的冲击,引发了中国高等教育近代史上的一次大转轨。此种转轨,大致始于京师同文馆。

京师同文馆设于 1862 年(同治元年)7 月。当时只有两位教师,一位是恭亲王在国外访问时经英人威妥玛(Wade Thomas)的介绍而聘请的英人教师包尔腾(Burdon),负责教习英文;另一位是汉人教师徐树琳,负责教习中文。设立同文馆的目的是为清政府培养翻译和外交人才。这一年招收学生仅 10 名。不久,京师同文馆改变了语言学校的性质,于 1866 年末由恭亲王上奏折在馆内增设一个"算学馆",从而使其变成一所实科学校,并逐渐开设一些新的课程:化学(1866)、算学(1868)、万国公法(1869)、医学生理(1871)、天文(1877)、物理(1879)。鉴于京师同文馆的性质,1902 年该校并入当时的京师大学堂(北京大学的前身)。京师同文馆是由我国政府兴办的第一所新式学堂,它不仅引进了当时西方先进的科学技术,而且促进了教育模式、教学内容、教学方法等的转轨,从而使得我国的人才培养观出现了一些新的变化。在高等教育方面,这种变化集中表现在创建了一批现代意义上的新型大学。

最早的一所新型大学是盛宣怀 1895 年于天津创办的"西学学堂"(1903 年改名为"北洋大学堂",是天津大学的前身)。这所学校分头等学堂（大学）和二等学堂（中学）二级，学校以"实事求是"为校训，注重学习国外先进的科学技术，以培养高级工程技术人才为己任，教学质量受到公认：北洋大学堂的毕业生赴美国留学可免试直接进入美国大学各研究生院。这所学校的头等学堂相当于大学本科，学制也采用国外通行做法，定为4年：第一年为基础教育，课程有几何学、三角勾股学、格物学、笔绘图、各国史鉴、作英文论、翻译英文，等等；从第二年开始，分为5门专门学（专业）供分科学习，即工程学、电学、矿务学、机器学、律例学。这所学校被誉为"我国第一所近代分科大学"，"标志着我国高等教育现代化的开端"。①

位于北方的"西学学堂"问世不久，盛宣怀又于1897年在南方的上海着手创建"南洋公学"（上海交通大学的前身）。它共包括4个办学层次：师范院，是我国第一所新式的师范学校；南洋公学外院，是师范院的附属小学；南洋公学中院（又称二等学堂），属中学性质；南洋公学上院（又称头等学堂），这是大学性质的学堂。外、中、上三院的学制均为4年。南洋公学的教学质量在当时也堪称一流，以至于连外国人也不得不承认，1900年以前，南洋公学和天津的"西学学堂"是"最进步的教西学的学校"。②

京师大学堂是我国近代第一所国立大学，1898年7月4日由光绪皇帝下谕设立。这所学校的课程分普通科（所有学生必修）和专门科（由学生任选取一两门）两种，前者有经学、理学、掌故学、诸子学以及初等算学、格致学、地理学和文学、体操等；后者有高等算学、格致学、政治学、地理学、农学、矿学、工程学、商学、兵学、卫生学等。学校在举办初期并不顺利，先是碰上1898年9月21日顽固派发动政变，继而于1900年遇到八国联军入侵北京，学校被迫停办，直到1902年才得以恢复招生。京师

---

①高奇著：《中国高等教育思想史》，人民教育出版社1992年版，第184页。
②参见陈景磐编：《中国近代教育史》，人民教育出版社1979年版，第134页。

大学堂从 1902 年恢复办学后，就一直尝试进行分科，先是在学校内设预科，把预科分成政科和艺科两类；后又于 1904 年将所招的师范生分成 4 类："一类洋文，二类地理历史，三类理化算术，四类博物，动、植、矿俱隶之。"[①]到 1908 年，京师大学堂又开始筹办大学分科并获准在德胜门外等地建立分科大学，设筹办分科处、分科工程处。1910 年分科大学开学，总共设 7 科 13 门：经科（毛诗、周礼、春秋左传计 3 门），文科（中国文学、外国文学计 2 门），法政科（政治、法律计 2 门），商科（银行保险 1 门），农科（农学 1 门），格致科（地质、化学计 2 门），工科（土木、矿冶计 2 门）。在这 7 科中，除了商科学制 3 年以外其他 6 科学制均为 4 年。如果说天津的"西学学堂"是我国高等教育现代化的开端的话，京师大学堂较具规模的分科体系的形成则标志着我国现代意义上的高等学府已屹立在世界东方。

从京师同文馆到京师大学堂，在一段不长的时间内，我国高等教育初步完成了由封建教育向近代资本主义教育模式的过渡，当然所形成的高等教育制度具有十分明显的半殖民地半封建特征。接下去几年，所谓的"新式高等学堂"便出现一个较大的发展。至 1912 年，全国已有高等学校 122 所，其中，专业学校 106 所（高等师范类 12 所，法政类 64 所，医学类 5 所，农学类 5 所，工业类 10 所，商业类 5 所，外国语类 5 所），大学 11 所（预科 10 所，本科 1 所），其他类型的高等学校有 5 所。1916～1920 年间，全国共有大学生 19 282 人。

(三)社会主义高等教育体制的确立

近代洋务运动后我国出现的新式高等学校及其相应的高等教育体制，是中国半殖民地化的产物之一，它深深地打上了资本主义国家高等

[①]舒新城编：《中国近代教育史资料》（上册），人民教育出版社 1981 年版，第 159 页。

教育的烙印,并带有某种程度的"奴化"特征。这种状况,直到中华人民共和国成立以后才得到根本性的改变。

在全国解放前夕,为了适应新中国成立的需要,中国共产党一方面对各解放区原有的高等学校进行整顿,另一方面对刚接管的许多高等学校进行必要的整顿和改造工作,如废除国民党的法西斯管理制度,解散反动组织,取缔反动的政治课程,等等。为了确保高等学校的平稳过渡,使高等教育的正常秩序不至于中断,对原来的院系设置、高校教师等都维持不变。这些举措为新中国成立后全国高校教师的思想改造、教学改革、院系调整等工作作了思想上和组织上的准备。

1.对旧的高等教育进行彻底的改造

1950 年 6 月,教育部召开了第一次全国高等教育会议,制定了新中国第一个《高等学校暂行规程》。这次会议以及这个规程的核心在于强调理论联系实际,强调高等教育要为人民服务,强调培养工农出身的知识分子。这种"人民当家做主"的高等学校办学指导思想,象征着新、旧两个高等教育制度在认识上和观念上的决裂。这次会议还在以下两个问题上达成共识:①要逐步改变旧高等教育各立门户、各自为政的无政府状态,实现统一集中的领导,高校的布局与发展要逐步做到有计划;②改变过去盲目崇拜欧美式的旧型大学,学习苏联经验,改革高等教育。1951 年,教育部明确提出了高等教育改革的三项基本任务:教育制度改革(包括院系调整)、教育内容改革(即课程的改革和教材的改订)、改进教学方法。此后,我国政府便在全国范围内开始了对旧高等教育的彻底改造。彻底改造旧的高等教育体制的任务,大致于 1956 年才基本完成。

(1)改革旧的高等教育制度,包括以下几个方面的措施:

1)收回高等教育的主权。

在半殖民地半封建的旧中国,中国的主权实际上得不到有效的实施,高等教育的主权也是如此。如 1946 年 11 月 4 日签订的《中美友好通商航海条约》规定了美国人有在中国从事科学、教育、宗教、慈善事业的权利；1947 年 11 月签订的《中美教育合作协定》规定美国可以用其将战时的多余财产售与中国所得的相当于 2 000 万美元的款项作为经费在中国进行各种教育活动。这些政府间的法律约定，使得以美国为首的帝国主义列强"合法地"对中国的教育拥有不同程度的支配权，包括通过提供经费的手段达到控制高等教育的目的。据 1950 年年底的统计，全国接受外国津贴的高等学校共计 20 所，共有学生 14 536 人，教职员 3 491 人。其中，接受美国津贴的高校有 17 所，学生 12 984 人，教职员 2 940 人。

1950 年 12 月 29 日，政务院通过了《关于处理接受美国津贴的文化教育救济机关及宗教团体的方针的决定》(简称《决定》)，明确要求将这些机关改为中国人民完全自办的事业。《决定》公布后，许多接受外国津贴的学校(如北京协和医学院、燕京大学、南京金陵大学等)的师生员工马上致电周总理或发表宣言，表示热烈拥护。1951 年，上述 20 所高校中有 11 所接收后改为公办；另外 9 所接收后改为中国人民自办，仍维持私立性质，政府予以补助(1952 年下半年在院系调整过程中也全部改为公立)。至此，中国人民完全实现了对中国高等教育的主权。

2)院系调整。

旧中国留下来的高等教育体系，实际上并不能适应新中国建设的需要，具体表现在：高等学校在层次结构上很不合理，在区域分布上很不平衡，在系科设置上重文理轻工科、院系重复设置现象严重，学校教育质量难以保证，等等。基于这些问题，1951 年 11 月在北京召开的全国工学院院长会议上首先提出以华北、华东、中南三地区为重点进行工学院的调整方案，后得到政务院的批准，于 1952 年 4 月 16 日在《人民日报》上公布并配发社论《积极实现全国工学院调整方案》。1952 年下半年，教育部根据"以培养工业人才和师资为重点，发展专门学院，整顿和加强综合性大学"的方针,以华北、东北、华东为重点进行全国高等院校院系调整工作,至年底,共有 3/4 的高校进行了院系调整和专业设置的工作。经过调整,各高校的性质和任务比以前更加明确,奠定了"发展专门学院,巩固与加强综合性大学"这一方针得以实现的基础,特别是加强和发展了高等工业学校,新设了钢铁、地质、矿冶、水利等 12 个工业专门学院。

对中国高等学校院系作如此大规模的调整,其目的在于通过加强计划性来合理配置教育资源,提高办学效益,更加直接地为新中国的社会主义建设服务。正如 1952 年 9 月 24 日《人民日报》的社论所说的那样,"旧中国的高等教育制度基本上是为帝国主义和反动统治阶级服务的,是半殖民地半封建社会的产物。院校的设置是盲目的,是严重脱离实际的。因此,院系重复,人力物力分散,教学效果很低。……因此,如果不对旧的教育制度、旧的高等教育设置加以彻底的调整和根本的改革,就不能使我们国家的各种建设事业顺利前进。"事实也是如此。这次院系调整虽然现在看来有这样那样的不足和缺陷,但在当时的确作出了积极的历史性贡献。因为它使得高等教育第一次能纳入国家经济发展的计划,并且通过调整形成了适合我国国情的相对完备的高等工科教育体系,在相当长一段时期内基本满足了我国社会主义建设对高级人才的需要。

(2)改革旧的教育内容。

1950 年 8 月 2 日,政务院批准了《关于实施高等学校课程改革的决定》(简称《决定》),其中指出:"全国高等学校的课程,必须根据共同纲领第四十六条的规定,实行有步骤地改革,达到理论与实际的一致。"《决定》要求废除政治上反动的课程,开设新民主主义革命的政治课程;各系课程设置应在系统的理论知识基础上,实行适当的专门化;应根据精简的原则,有重点地设置和加强必需的和重要的课程,删除重复的和不必需的课程和内容。这个《决定》，拉开了新中国高等教育课程改革的序幕。

1951年1月23～26日教育部在北京召开全国高等学校1950年度教学计划审查会议，会议邀请教授、专家百余人对51所高校的各系教学计划进行重点审查，对文学院、法学院、理学院、工学院18个系的教学计划进行详细审查，对农学院、师范学院12个系的教学计划进行了一般性核阅。同年4月，教育部将此次审查的总结通报了各高等学校，同时提出争取在两三年内基本上完成高等学校的课程改革工作。

对旧的高等教育课程的改革过程中也得出了几项原则，即：在教学计划和教学大纲中必须充分贯彻爱国主义的思想教育；编排课程以培养一定的专门人才为出发点；政治课是各系科的基本课程；实习是教学的一个重要组成部分；每周学时数不能超过54小时；等等。经过一段时间的改革实践之后，逐渐形成了新中国的高等教育课程体系。教育部也根据实际情况不断地颁发一些指导性的文件，如《关于全国高等学校马克思列宁主义、毛泽东思想课程的指示》《关于制定高等学校工科本科和专修科各专业教学计划的规定（草案）》，等等。

这场课程改革运动声势浩大，在消除旧高等教育中封建主义和殖民主义的教育内容方面取得了显著的成绩。但是，与此同时，也出现了"一面倒"现象，即在"以苏为师"的口号下，全面照搬苏联的高等学校课程，以至于1952年12月高等教育部召开的北京、天津高等学校负责人座谈会上，有人专门提出"采用苏联的教学计划、教学大纲与教材，应在不破坏科学系统整体性的原则下，按我国高等学校具体情况加以适当压缩或精简"。但在当时的国际国内形势下，这种呼吁难能奏效。

2.社会主义高等教育体系的初步确立

1956年9月召开的中国共产党第八次全国代表大会标志着我国社会主义改造已基本完成，开始转入全面的社会主义建设时期。相应地，高等教育在基本完成对旧体制的改造之后，也及时地转入建立新的较完善的社会主义高等教育制度上来。事实上，在此前（1956 年 5 月），高等教育部已经颁发并在高等学校内试行《中华人民共和国高等学校章程草案》（简称《草案》）。《草案》共有 80 条，论述了 8 个方面，即：总则、学生、教学人员和教学辅助人员、教学工作、科学研究工作、干部的培养、学校的领导机构、学校的财产和经费。这个章程，是我国社会主义高等教育体系的一个雏形，是对前几年高等教育改革实践的一个经验总结。它不仅规定了社会主义高等学校的基本任务，而且也明确了以校（院）长负责制为基础的社会主义高等学校内部管理体制。

在这种实践背景下，我国高等教育界已在自觉地思考与探索适合中国国情的高等教育体制。1956 年 6 月 20 日，高等教育部部长杨秀峰在第一届全国人大第三次会议上发言，指出高等教育今后应以提高质量、贯彻全面发展的教育方针为中心任务，要认真解决培养学生独立思考和工作能力，克服学生学习和生活过分紧张的问题。此后，这一问题成了高教界讨论的一个热点。同年 8 月，高等教育部在北京召开了有 107 名高校校（院）长、教务长参加的一个座谈会，着重讨论了解决学生负担过重和培养独立思考、独立工作能力等方面的问题，《人民教育》杂志从这一年 8 月号开始开辟专栏，讨论"全面发展"，《人民日报》1956 年 10 月 4 日发表社论《培养学生独立思考能力》……所有这些均表明，在彻底改造了旧的高等教育体制之后，我国高等教育界正在以全面发展和学生独立思考能力培养等方面为切入点，寻求完善、适合中国国情的高等教育体制。

直到 1961 年，党的八届九中全会制订了对国民经济实行"调整、巩固、充实、提高"的方针后，有关部门又开始对新中国成立以来高等教育工作的经验进行较为系统的总结，并致力于形成并健全高校内部的正常秩序。九中全会之后不久，教育部在北京召开全国重点高等学校工作会议,着重研究贯彻执行上述八字方针,对重点高等学校实行"四定"(即定规模、定任务、定方向、定专业),强调要通过调整建立完善的教学秩序,大力提高教学质量,加强对重点学校的集中管理。从1961年3月份开始,根据中央的提示,教育部部长杨秀峰和副部长蒋南翔在天津、北京等地的高校进行调查研究,在此基础上起草了一份关于高等学校工作条例的文件;同年9月,中共中央批准试行这份《教育部直属高等学校暂行工作条例(草案)》(简称《条例》)。《条例》共分10章,即:总则、教学工作、生产劳动、研究生培养工作、科学研究工作、教师和学生、物质设备和生活管理、思想政治工作、领导制度和行政组织、党的组织和党的工作。1962年3月,周恩来在二届人大三次会议上所作的报告中专门提出要求:这个《条例》可以在全国高校中试行;到1963年年初,全国共有222所高校(其中教育部直属高校24所,部属高校71所,省、市、自治区所属高校127所)试行该《条例》,占全国高校总数(610所)的36%,其余的高等学校也大都参照这个《条例》的精神改进了学校的工作。尤其值得注意的是,中共中央在前述批示中提出高校应该着重解决以下几个主要问题:①必须以教学为主,努力提高教学质量。生产劳动、科学研究、社会活动的时间,应该安排得当,以利教学。②正确执行党的知识分子政策,团结一切可以团结的知识分子,为社会主义高等教育服务。正确执行"百花齐放、百家争鸣"的方针,提高学术水平。③实行党委领导下的以校长为首的校务委员会负责制,充分发挥校长、校务委员会和各级行政组织的作用。④做好总务工作,保证教学和生活的物质条件。⑤改进党的领导方法和领导作风,加强思想政治工作。这5个方面问题的提出以及"高校六十条"在全国范围的实施,标志着关于新中国社会主义高等教育体制的设想及尝试已成雏形,并对我国高等教育的进一步发展发挥了积极的历史作用。

二、中国高等教育的体制

（一）高等学校管理体制

高等学校的管理体制，在新中国成立以后也经历了一个不断探索与深化的过程。

1950 年 8 月 14 日教育部颁发的《高等学校暂行规程》和《专科学校暂行规程》都明确地规定高校实行校长负责制，在校长领导下设校务委员会。但这一体制不久就被认为是"一长制"，"容易脱离党委领导"，因而在 1958 年 9 月 19 日中共中央、国务院《关于教育工作的指示》中要求实行"学校党委领导下的校务委员会负责制"，强调了集体领导。1961 年 9 月 15 日，中共中央发出《教育部直属高等学校暂行工作条例（草案）》（又称"高校六十条"），在总结新中国成立 12 年中高等教育工作的经验教训的基础上，规定高等学校应实行"党委领导下的以校长为首的校务委员会负责制"，并且指明："高等学校的校长，是国家任命的学校行政负责人，对外代表学校，对内主持校务委员会和学校的经常工作。"教育部在 1978 年 10 月 4 日颁发了《全国重点高等学校暂行工作条例（试行草案）》（简称《条例》）。《条例》在管理体制上对"高校六十条"作了一些修改，确立"今后高等学校实行党委领导下的校长分工负责制"。这种党委领导下的校长分工负责制事实上突出了校长在高校内部管理中的作用，改变了以往过分强调"集体负责"的管理模式，从而为 1985 年《中共中央关于教育体制改革的决定》（简称《决定》）的实施创造了条件。

《决定》中规定："学校逐步实行校长负责制，有条件的学校要设立由校长主持的、人数不多的、有威信的校务委员会，作为审议机构。要建立和健全以教师为主体的教职工代表大会制度，加强民主管理和民主监督。学校中的党组织要从过去那种包揽一切的状态中解脱出来，把精力集中到加强党的建设和加强思想政治工作上来;要团结广大师生,大力支持校长履行职权,保证和监督党的各项方针政策的落实和国家计划的实现;要坚持用马克思主义教育广大师生,激励他们立志为祖国的富强奋勇进取、建功立业,保证学生德、智、体的全面发展,使学校真正成为抵御资本主义和其他腐朽思想的侵蚀,建设社会主义精神文明的坚强阵地。"为了贯彻《决定》的精神,国家教委于1988年发出《关于高等学校逐步实行校长负责制的意见》,对实行校长负责制学校的校长的主要职责作了规定。全国部分高校经过批准,陆续进行有关校长负责制的试点。在经过一段时间的实践之后,我国高等学校先后实行过的几种体制,党委领导下的校长负责制更适合于我国高等教育的实际情况和工作需要。因此,从1989年开始,中央决定,高等学校基本上实行党委领导下的校长负责制,已进行校长负责制试点的学校可以继续试行下去。但现在中央作出明确决定,高等学校均一律实行党委领导下的校长负责制的体制。

党委领导下的校长负责制的基本内涵为:党委以主要精力研究学校的重大方针、政策问题,加强党的建设和思想政治工作,支持行政领导充分行使职权。坚持党管干部的原则,按照干部管理权限负责干部的选拔、教育、培养、考核和监督工作。校长全面贯彻党的教育方针,坚持把德育放在学校工作的首位,执行党委的集体决定,在其职责范围内积极主动、独立负责地做好教学科研和行政管理工作。学校的发展规划、重大改革措施、师资队伍建设、重要机构设置和学年工作计划等重大问题,由校长在广泛听取各方面意见的基础上提出方案,党委集体讨论决定,校长负责组织实施。

(二)高校自主权的扩大

我国高等教育体制改革的一个极为重要的内容是扩大高校的自主权。在《中共中央关于教育体制改革的决定》(简称《决定》)中,"扩大高等学校办学自主权"是作为这一文件的 5 个主要议题之一加以强调的。《决定》认为:"当前高等教育体制改革的关键,就是改变政府对高等学校统得过死的管理体制,在国家统一的教育方针和计划的指导下,扩大高等学校的办学自主权,加强高等学校同生产、科研和社会其他各方面的联系,使高等学校具有主动适应经济和社会发展需要的积极性和能力。"为此,《决定》提出:"要扩大高等学校的办学自主权。在执行国家的政策、法令、计划的前提下,高等学校有权在计划外接受委托培养学生和招收自费生;有权调整专业方向,制订教学计划和教学大纲,编写和选用教材;有权接受委托或与外单位合作,进行科学和技术开发,建立教学、科研、生产联合体;有权提名任免副校长和任免其他各级干部;有权具体安排国家拨发的基建投资和经费;有权利用自筹资金,开展国际的教育和学术交流,等等。对不同的高等学校,国家还可以根据情况,赋予其他的权力。"1986 年 3 月 12 日,国务院颁发的《高等教育管理职责暂行规定》进一步明确了高等学校管理权限扩大的 8 个方面的内容:①在保证完成国家下达的培养人才任务的前提下,可以按照国家规定的比例实行跨部门、跨地区的联合办学,接受委托培养生和自费生。②执行勤俭办学的方针并在遵守国家财务制度的前提下,按照"包干使用,超支不补,节约留用,自求平衡"的原则,可以安排使用主管部门年度事业经费。③按照主管部门批准的总体设计任务书、总体规划、长远和年度基建计划,在向主管部门实行投资包干的前提下,可以自行择优选择设计施工单位。④按照干部管理权限,可以根据规定的干部条件、编制和选拔步骤由校长提名报请任免副校长、其他各级行政人员以及聘任、辞退教职工。⑤经批准,部分高等学校可以按照国家的有关规定评定副教授和教授的任职资格;审定授予硕士学位的学科、专业,增补博士研究生导师。⑥根据有关政策与规定,可以按社会需要调整专业方向,制订教学计划、教学大纲,选用教材,进行教学内容和方法的改革。⑦在保证完成国家下达的科研任务的前提下,可以自行决定参加科研投标,承担其他单位委托的科研任务,面向社会开展技术服务和咨询。⑧在国家外事政策和有关规定的范围内,积极开展对外交流活动。

1991年年初,国家教委批准南京大学、东南大学进行校内管理体制的改革,同年年底又批准5所高校进行校内管理体制改革。此后,类似的校内管理体制改革试点学校不断增加。经过几年的探索,这些高校在人事制度、分配制度、住房制度、医疗制度和退休制度等方面进行一系列改革,并都已取得了阶段性的成果。

20世纪80年代中期以来,根据《中共中央关于教育体制改革的决定》,高校在招生与毕业生分配中实行3种不同的办法,一是"国家计划招生",这部分学生的毕业分配实行在国家计划指导下,由本人选报志愿、学校推荐、用人单位择优录用的制度;二是"用人单位委托招生",委托单位按议定的合同向学校交纳一定的培养费,毕业生则按合同到委托单位工作;三是"计划外自费招生",学生交纳一定数量的培养费,毕业后可由学校推荐就业,也可自谋职业。为了满足实施新招生办法的需要,从1985年开始改革了原来的"统一录取"招生体制,实行招生工作"学校负责,招办监督"的新体制,使之能兼顾高校和政府两个方面的作用。1987年5月13日,国家教委颁发《关于扩大普通高等学校录取新生工作权限的规定及其实施细则》,对新的招生体制作了法规性的规定。由于高校扩大了招生自主权,极大地调动了学校的办学积极性,同时也极大地改善了学校的办学条件。据统计,仅在1986~1988年间,高等学校共招收委托培养学生15.76万人,1988年在校的委托培养学生总数已达20.46万人。1988年全国共有82 895名考生报考自费生,实际录取48 037人,本科实际收费标准为1 600元/(生·年),专科为1 300元/(生·年)。①

---

①转引自刘英杰主编:《中国教育大事典(下)》,浙江教育出版社1993年版,第1511~1512页。

以此推算,仅在 1988 年,高校通过招收委培生和自费生而增加的教育经费额就接近 2 亿元人民币。表 5.1 是 1995 年全国 1 054 所普通高校的有关情况。

表 5.1 1995 年全国普通高等学校本、专科招生 3 种形式学生数

	毕业生数 (万人)	招生数 (万人)	在校学生数 (万人)
国家任务	54.07	62.68	206.59
委托培养	17.47	17.55	47.93
自费生	8.8	12.18	35.36
总计	80.34	92.41	289.88

资料来源:国家教委人事司综合处:《1995 年全国教育统计资料选编》,《教育人事工作(高教版)》,1996 年第 4 期。

由于在这一方面的改革获得成功,高校的招生制度和毕业生分配制度改革在 20 世纪 90 年代进一步加大了力度。从 1995 年开始,先是在部分高校实行"缴费上学"制的试点,在取得经验的基础上,自 1997 年起,全国高校招生全部并轨,实行交费上学,同时不再分国家任务、委托培养、自费生 3 种计划形式。大学生的培养费用由国家包下来、大学生的毕业分配由国家包下来的做法已成为历史。

(三)高校评估制度的形成

随着高等教育体制改革的深入和高等学校办学自主权的扩大,对高校办学水平与质量的监控就摆到议事日程上来了。《中共中央关于教育体制改革的决定》已充分注意到这一问题,强调要对高校的教育质量进行评估:"国家及其教育管理部门要加强对高等教育的宏观指导和管理。教育管理部门还要组织教育界、知识界和用人部门定期对高等学校的办

学水平进行评估,对成绩卓著的学校给予荣誉和物质上的重点支持,办得不好的学校要整顿直至停办。"

1985年5月,教育部召开了评估研讨会(又称镜泊湖会议),会议决定从高等工科院校先行进行评估试点。同年11月13日,国家教委发出了《关于开展高等工程教育评估研究和试点工作的通知》,指出:"在我国建立高等工程教育评估制度,是教育体制改革的必然要求,是在扩大高等学校办学自主权的新形势下,加强对高等教育宏观指导和管理的重要手段。"从1985年到1989年,先后有80多所工科院校开展了学校办学水平评估、本科专业培养质量评估、课程教学质量评估等试点工作,取得了较为令人满意的效果;与此同时,国务院学位委员会也从1985年开始陆续对全国18个学科、专业硕士、博士学位授予质量进行了评估试点。在经过5年的试点工作之后,1990年10月31日国家教委颁发了我国第一个有关教育评估的法规性文件——《普通高等学校教育评估暂行规定》,初步规定了我国高等教育评估的性质、目的、任务、基本标准、基本形式、领导办法以及评估的程序。这个文件的颁发,标志着我国高等教育体制改革正在向纵深发展,同时也标志着我国历时5年的高等教育评估试点工作已结束,适合我国国情的高等教育评估制度已经初步建立起来。

三、中国高等教育的结构

新中国成立以来,尤其是改革开放以来,我国的高等教育事业经历了一个高速的、有序的发展过程。高速发展,表现在高等教育数量的大规模增长;有序发展,表现在高等教育开始按照其内在的客观规律进行结构性和制度化的自我的完善。我国已初步形成能基本适应社会主义经济建设和文化发展的需要的高等教育结构。

（一）层次结构

由于我国现代意义上的高等教育起步晚、基础薄,高等教育在自身的体系构造上,特别是在层次构造上显得非常脆弱与乏力。1949年,全国共有高等学校205所,在校学生总计为117 133人。在校学生分为3个层次:研究生层次只有629人,占总数的0.5%;本科生层次有93 917人,占总数的80.2%;专科生层次有22 587人,占总数的19.3%。研究生、本科生和专科生3者之比依次为0.7∶100∶24。① 这一高等结构具有明显的单一性,也即本科教育层次过于庞大,专科教育层次极其萎缩,而研究生教育层次几近于无,结构比例严重失调。这一结构比例特征直到1966年,17年间并没有发生实质性的变化,研究生占学生总数的比例基本上都在1%以下(少数年份超过1%,但最高也只有2.7%);专科生的比例则在10%～20%之间徘徊(少数年份超过20%,但最高也只是1952年的30.9%;从1962年起到1965年则猛降至10%以下)。

从20世纪70年代末起,我国恢复和新建一批高校的同时,开始了对高等教育的结构进行有计划的调整工作。1980年2月12日五届人大第十三次会议正式通过了《中华人民共和国学位条例》,规定我国的学位分学士、硕士与博士3级,在法律上规范了我国高等教育的学位层次。同年5月,中共中央书记处负责同志在听取教育部党组关于《教育工作汇报提纲》和蒋南翔同志的说明时指出,高等教育结构存在问题,需要改革。1982年,教育部召开高等教育调整改革会议,会议认为"20世纪50年代以来,高等教育事业的内部比例(包括研究生、本科生、专科生的比例)失调,盲目性增加",为此要求逐步扩大研究生的发展规模,大力发展专科教育。同年,我国高等教育出现了两个具有历史意义的重要变化:第一,

---

① 转自郝克明、汪永铨主编:《中国高等教育结构研究》,人民教育出版社1987年版,第40页。

全国有 54 所高等学校、15 家科研单位首次招收了攻读博士学位的研究生 420 人,其中理学 191 人、工学 137 人、医学 60 人,文、史、哲、教育、农学共 32 人;第二,五届人大五次会议批准了《中华人民共和国经济和社会发展第六个五年计划(1981~1985)》,其中指出,到 1985 年,全国普通高等学校本科和专科招生 40 万人,在校学生达到 130 万人;研究生招生 2 万人,在校学生达到 5 万人(实际执行结果大大超过这一计划,到 1985 年,本、专科学生在校人数达 1 703 115 人,研究生在校人数达 87 331 人)。这一规划体现了中央要调整高等教育结构的意图与决心。表 5.2 反映了 1977~1986 年高等教育结构比例的变化情况。

表 5.2 显示了 1976 年~1986 年我国高等教育结构性改革的一个基本演变趋势,即:专科教育得到长足的发展,研究生教育粗具规模,从而形成了一个相对合理的层次结构。表 5.3 反映的是经过长期的调整,我国高等教育结构比例的最新趋势。

表 5.2 1977~1986 年研究生、本科、专科在校生及所占比重

年份(年)	学校数(所)	在校学生数(人)				在校生比重(%)				研究生:本科生:专科生
		合计	研究生	本科生	专科生	合计	研究生	本科生	专科生	
1977	404	625 319	—	608 376	16 943①	100	0	97.3	2.7	0:100:3
1978	598	867 256	10 934	458 548	397 774②	100	1.3	52.9	45.9	2:100:87
1979	633	1 038 780	18 830	671 474	348 476	100	1.8	64.6	33.5	3:100:52
1980	675	1 165 316	21 604	861 926	281 786	100	1.9	74.0	24.2	3:100:33
1981	704	1 298 320	18 848	1 060 645	218 827	100	1.5	81.7	16.9	2:100:21
1982	715	1 179 120	25 847	928 901	224 372	100	2.2	78.8	19.0	3:100:24
1983	805	1 243 989	37 166	929 319	277 504	100	3.0	74.7	22.3	4:100:30
1984	902	1 453 222	57 566	1 007 721	387 935	100	4.0	69.3	26.7	6:100:38
1985	1 016	1 790 446	87 331	1 122 643	580 472	100	4.9	62.7	32.4	8:100:52
1986	1 054	1 993 300	115 000	1 203 800	674 500	100	5.8	60.4	33.8	10:100:56

资料来源:郝克明、汪永铨主编:《中国高等教育结构研究》,人民教育出版社 1987 年版,第 51 页。

表 5.3　1994～1995 年研究生、本科、专科在校生及所占比重

年份（年）	在校学生数（万人）				在校生比重（%）				研究生：本科生：专科生
	合计	研究生	本科生	专科生	合计	研究生	本科生	专科生	
1994	292.7	12.8	151.7	128.2	100	4.4	51.8	43.8	8：100：85
1995	305.1	14.5	163.8	126.8	100	4.8	53.7	41.6	9：100：77

资料来源：依据国家统计局编：《中国统计年鉴(1996)》，中国统计出版社，1996 年版，第 633 页。

从表 5.2 和表 5.3 来看，我国高等教育的层次结构已基本趋于稳定。

(二)科类结构

高等学校的专业设置，新中国成立以后有一个较大的变动过程。在共和国成立最初几年，由于全面学习苏联，模仿苏联的高等教育专业设置，重视了工科类专业的调整与增设。1953 年年初，全国高等学校共设置专业 215 种，其中工科专业为 107 种，占 49.77%；1954 年共设置专业 294 种，工科专业为 137 种，占 46.60%；1957 年的专业总数为 323 种，工科专业为 183 种，占 56.66%。因此，在建国后相当长一段时期，在科类结构中形成了以工科为主、其他科类作为陪衬的不尽合理的高教结构，并且在新中国成立后 17 年中基本上没有得到有效的调整。表 5.4 以各科类在校学生数比重为指标作了统计。

1977 年以后，高等教育结构失调问题旋即得到了高度的重视，花大力气对之作了调整，经过从中央到地方的一致努力，已取得了比较明显的效果，逐步建立起一个以工科类和师范类为重点，与其他各科类均衡发展的结构。表 5.5 是对 1977～1986 年我国高等学校各科类在校学生的比重的变动情况。

表 5.4　1958～1965 年我国科类结构(学生比重)的变动情况(％)

年份 (年)	总计	工科	农科	林科	医药	师范	文科	理科	财经	政法	体育	艺术
1958	100	39.0	8.8	1.5	11.7	23.8	3.9	6.2	2.2	1.1	1.1	0.7
1959	100	40.1	8.3	1.5	11.5	23.7	3.9	7.1	1.5	0.7	1.0	0.7
1960	100	40.4	8.4	1.5	12.2	21.3	3.5	8.7	1.5	0.6	0.9	1.0
1961	100	39.2	8.8	1.7	12.7	19.7	3.5	10.3	1.6	0.6	1.0	0.9
1962	100	41.6	8.0	1.7	13.1	16.6	4.8	10.7	1.5	0.5	0.7	0.8
1963	100	42.6	8.1	1.7	12.8	15.2	5.3	10.6	1.8	0.5	0.7	0.7
1964	100	43.3	8.1	1.5	12.4	14.2	6.0	10.4	2.1	0.6	0.7	0.7
1965	100	43.8	7.9	1.5	12.3	14.0	6.8	9.2	2.7	0.6	0.6	0.6

资料来源:郝克明、汪永铨主编:《中国高等教育结构研究》,人民教育出版社 1987 年版,第 136 页。

表 5.5　1977～1986 年各科类学生在校生比重的变动(％)

年份 (年)	总计	工科	农科	林科	医药	师范	文科	理科	财经	政法	体育	艺术
1977	100	33.4	8.6	1.1	15.0	26.4	5.6	6.7	1.3	0.1	1.0	0.8
1978	100	33.6	6.3	0.9	13.2	29.2	5.4	7.5	2.1	0.2	1.0	0.6
1979	100	33.9	5.7	1.1	12.5	30.5	5.6	6.9	2.1	0.3	0.9	0.5
1980	100	33.5	6.2	1.0	12.2	29.6	5.1	7.3	3.3	0.5	0.8	0.5
1981	100	33.0	6.2	1.1	12.4	28.1	5.4	7.8	3.7	0.8	0.9	0.6
1982	100	34.3	5.7	1.0	14.3	25.4	5.1	7.0	4.7	1.2	0.8	0.5
1983	100	34.7	5.7	1.1	11.6	26.0	5.6	6.6	5.9	1.5	0.8	0.5
1984	100	34.4	5.6	1.1	10.3	25.9	6.4	6.2	6.9	1.8	0.8	0.6
1985	100	34.1	5.3	1.0	9.2	25.0	7.4	5.7	8.7	2.1	0.8	0.7
1986	100	34.3	5.0	1.0	9.1	25.6	6.8	5.4	9.0	2.3	0.8	0.7

资料来源:郝克明、汪永铨主编:《中国高等教育结构研究》,人民教育出版社 1987 年版,第 142 页。

表 5.5 显示出 1977～1986 年这 10 年间我国高等教育科类结构变动的下列特点:①从整体上来看,科类结构没有出现大的反复性变动,这表明我国高等教育科类结构(即以工科类和师范类为重点,与其他各科类均衡发展的结构)已趋于成型。②对部分科类作了局部性的调整,其中财经类与政法类在校生数比重 1986 年比 1977 年有明显的提高,而农科类与医药类则略有下降。③从 1983 年开始,科类结构已呈平稳状态。

类似的情况从表 5.6 中也可以看到。表 5.6 是以一级学科为标准,描述了 1994 年和 1995 年本科生与专科生在校人数的分类统计结果。

表 5.6　1994～1995 年高等学校分科在校生学生数

学科类别	1994 年		1995 年	
	合计(人)	占当年总数的百分比(%)	合计(人)	占当年总数的百分比(%)
哲学	7 395	0.26	5 826	0.20
经济学	396 534	14.17	434 084	14.94
法学	84 998	3.04	92 618	3.19
教育学	117 872	4.21	117 367	4.04
文学	350 291	12.52	365 551	12.58
历史学	50 616	1.81	48 355	1.66
理学	314 651	11.24	309 903	10.66
工学	1 117 604	39.93	1 166 931	40.15
农学	111 193	3.97	109 791	3.78
医学	247 485	8.84	256 003	8.81
合计	2 798 639	—	2 906 429	—

资料来源:国家统计局编:《中国统计年鉴(1996)》,中国统计出版社 1996 年版,第 633 页。

(三)形式结构

新中国成立以后,鉴于当时的经济基础和对人才的大量需求,中国政府十分重视多形式、多渠道举办高等教育。1949 年成立的中国人民大学(其前身是延安的陕北公学),教育部就在《关于中国人民大学实施计划的决定》中要求该校开办夜大学。1950年中国人民大学招生时,也招收了1 000名夜校生。这是新中国夜大学之始,它开创了新中国这一新的高等教育形式的先河。1952年,该校又进一步试办函授专修科,设工业经济、工业会计等10个财经类专业,当年招收2 500人。次年(1953年),北京师范大学、东北师范大学等高校也相继举办了教育学函授进修班、中国语文和数学函授专修班,由此掀开了新中国高等函授教育的篇章。1960年3月9日,由北京市教育局和北京电视台联合举办的"北京电视大学"正式开学,首届招收本科生与预科生共5 000人。此后,上海、沈阳、长春、哈尔滨、广州等城市也相继成立了电视大学,吉林、重庆等地成立了业余广播大学,新中国的广播电视大学也开始得到发展。

在1966年以前,我国已经开始致力于形成普通高等学校和成人高等(业余)教育"两条腿走路"的高等教育发展模式。在成人高等教育中,则以夜大学、高等函授教育和广播电视大学为主要形式,并衍生出职工大学、教育学院、干部管理学院、农民大学等成人高等教育办学实体。成人高等教育发展速度很快。以函授教育为例,到1965年年底,全国已有函授院校(部)171所,函授生19万人,为当时普通高校在校生的1/4。如果把各种成人高等教育形式的在校生都计算在内,总数已达41.26万人,而1965年全日制普通高校的在校生总数也只有67.4万人,两者比例为2∶3。1965年年底不同形式成人高等教育学生数的比重情况见表5.7。

表5.7　1965年年底不同形式成人高校学生数比重结构(％)

总人数（万）	按办学形式分			按办学单位分					
	夜大	广播电视	函授	普通高校办	教育行政部门	厂矿企业	机关单位	工会	科研单位
41.26	43.3	10.8	45.9	36.3	34.7	13.8	5.1	6.5	3.6

资料来源:郝克明、汪永铨主编:《中国高等教育结构研究》,人民教育出版社1987年版,第196页。

1978年2月26日全国人大五届一次会议通过的《政府工作报告》提出："要建立适当的考核制度，业余学习的人们通过考核，证明达到高等学校毕业生同等水平的，就应该同等对待。"1980年，北京市政府经中央批准公布了《关于建立高等教育自学考试制度的决定》；1981年，国务院批转教育部《关于高等教育自学考试试行办法的报告》；1983年，全国高等教育自学考试指导委员会在京成立。自学考试委员会的成立，是我国成人高等教育走向制度化、规范化的一个重要标志，也是我国成人高等教育得以不断完善、健康发展的一个重要手段。从1987年以后，我国实行了电视、函授、自学考试三结合的教育新机制，更是大大促进了成人高等教育的发展。据统计，截止到1990年，全国30个省、自治区、直辖市都建立了高等教育自学考试制度，全国共开考文、理、工、农、医、财经、政法、教育等门类102个本、专科专业，625个专业点，共有1 500万人参加自学考试，有524 644人取得大学专科毕业证书，有3 785人取得大学本科毕业证书。[①]

　　根据20世纪80年代中期国家教委教育发展与政策研究中心、北京大学高教所等单位组成的"中国高等教育结构研究"课题组的研究，我国高等教育形式结构具有以下5个方面的特点：①从教育对象来看，形成了职前高等教育形式和职后高等教育形式并举的局面。②从培养规格来看，形成了学历教育形式和非学历教育形式并举的局面。③从教学方式来看，形成了课堂面授教学形式、电化教学形式和函授教学形式并举的局面。④从学习方式来看，形成了全日制形式和部分时间制形式、业余制形式并举的局面。⑤从办学力量来看，形成了国家办学和其他社会力量办学形式并举的局面。该课题组还统计分析了"六五"期间普通高校和成人高校的构成状况（详见表5.8）。[②] 1995年我国成人高等学校的基本情况见表5.9。

---

① 王英杰主编：《中国教育大事典（下）》，浙江教育出版社1993年版，第2016页。
② 郝克明、汪永铨主编：《中国高等教育结构研究》，人民教育出版社1987年版，第204～207页。

表 5.8　"六五"期间普通高等学校和成人高等学校的构成状况

年份(年)	普通高等学校在校生(万人)	所占比例(%)	成人高等学校在校生(万人)*	所占比例(%)
1981	127.9	48.7	134.6	51.3
1982	115.4	49.6	117.3	50.4
1983	120.7	51.7	112.8	48.3
1984	139.6	49.7	141.4	50.3
1985	170.3	46.2	198.6	53.8

* 指在各类成人高校学习的本、专科学生数和单科班、选修班、短训班的学生数。

表 5.9　1995 年全国成人高等学校基本情况

		学校数(所)	毕业生数(万人)	招生数(万人)	在校生数(万人)	教职工数	
						计(万人)	其中:专任教师(万人)
总计		1156	63.61	91.38	257.00	21.35	9.82
1.广播电视大学		46	15.68	19.35	54.16	4.5	2.04
2.职工高等学校		694	8.59	10.75	31.39	8.48	4.01
3.农民高等学校		4	0.02	0.05	0.1	0.03	0.01
4.管理干部学院		166	4.63	6.24	14.77	3.73	1.46
5.教育学院		242	8.83	7.77	21.37	4.47	2.23
6.独立函授学院		4	0.41	0.48	1.35	0.14	0.07
7.普通高等学校举办	函授部		15.88	27.14	84.13	0	0
	夜大学		5.49	10.23	30.9	0	0
	成人脱产班		4.08	9.37	18.83	0	0

资料来源:国家教委人事司综合处编:《1995 年全国教育统计资料选编》,《教育人事工作(高教版)》,1996 年第 4 期。

四、中国高等学校的教学与科研

教学与科研是高等教育的两个基本职能,同时也是高等学校工作的两个中心环节。党的十一届三中全会以来,尤其是 20 世纪 80 年代中期以来,高校的教学与科研在改革开放的大好形势下也取得了令人瞩目的成就,发生了天翻地覆的变化。

(一)教学

《中共中央关于教育体制改革的决定》指出:"在高等教育体制改革的同时,按照理论联系实际的原则,在辩证唯物主义和历史唯物主义的思想指导下,改革教学内容、教学方法、教学制度,提高教学质量,是一项十分重要而迫切的任务。要针对现存的弊端,积极进行教学改革的各种试验,例如改变专业过于狭窄的状况,精简和更新教学内容,增加实践环节,减少必修课,增加选修课,实行学分制和双学位制,增加自学时间和课外学习活动,有指导地开展勤工助学活动等。"这一指示,对促进高等学校的教学改革起到了很好的指导与推动作用。

1.改革教学内容,加强教材建设

为了适应我国高等教育事业发展和教学改革的需要,国家教委分别于 1985 年 9 月 20 日发出了《关于制订高等学校工科基础课程 1986～1990 年教材建设规划的几点意见》、1985 年 12 月 16 日发出了《关于制订高等学校理科各学科 1986～1990 年规划的意见》、1986 年 5 月 19 日发出了《关于实施 1985～1990 年高等学校文科教材编选计划的若干问题的意见》。这三个文件的发布,成为我国新时期以来高等学校教材建设全面启动的主要标志。在第七个五年计划中,我国总共把 808 种理工科的教材和教学参考书、945 种文科教材和教学参考书列入编写规划,组织专家进行编写。与此同时,进一步加强了外国教材的引进工作,注重比较全面、系统、及时并且有计划地成套引进外国著名大学的教材以供我国教材建设时作为参考,并为此目的在清华大学、南京大学、北京农业大学和北京医学院等高校设立了外国教材中心图书室。此外,20世纪80年代后期,有关部门还先后于1985年12月、1986年8月、1988年5月举办了3届外国教材展览。

为了促进大学教材的编写工作,推动大学的教材建设,1987年3月13日国家教委颁发了《1987年高等学校优秀教材奖励试行条例》(简称《试行条例》),规定优秀教材评奖分为"全国优秀教材特等奖"和"全国优秀教材奖"两种,同时规定"全国优秀教材奖的评奖工作每四年进行一次"。《试行条例》的颁发,标志着我国高等学校教材建设的评奖工作进入了制度化、规范化的轨道。1987年12月,有130位专家应邀参加了首届全国优秀教材奖的评审工作,在41个部委,21个省、市、自治区教育部门推荐的基础上,评选出261种全国优秀教材(其中22种获"全国优秀教材特等奖")。此后,该奖每4年进行1次。

在经过几年的实践之后,1988年11月5日国家教委制订了《高等学校教材工作规程(试行)》,在明确高等学校教材工作的地位、作用、方针的同时,提出了高等学校教材建设的总目标:"编审出版一套具有中国特色的、适应我国社会主义现代化建设和高等教育事业发展的、反映现代文化科学技术先进水平的教材;建设与教材编审出版任务相适应的高水平的编审队伍和现代化的教材出版印刷基地。"

2.改革课程结构,推行学分制

学分制是19世纪末在美国伴随着选修制而兴起的一种教学管理制度。它与学年制的区别主要在于更有利于对学生进行因材施教,激发学生的学习潜力,培养学生的能力。在新中国成立初期,我国高等学校曾实行过以学年制为主、结合学时与学分的管理方式,1953年以后又统一改为实行学年制。

1978年,北京大学等少数高校开始试行学分制。为了满足学分制这一新举措的需要,增设了大量的选修课。据1980年年底统计,北京大学常设的课程已达 1 511 门,比 1978 年增加了近一倍。《中共中央关于教育体制改革的决定》(简称《决定》)颁发以后,由于《决定》中专门规定要在高等学校实行学分制,所以极大地推动了高等学校在学分制方面的改革。到 1986 年,全国本科院校已有约 1/3 不同程度地试行学分制。在试行学分制的同时,许多高等学校也在尝试建立与学分制相适应的教学管理制度的改革。很多院校实行了"三增三减"的措施,即:增加自学时间,减少讲课时间;增加选修课,减少必修课;增加实践教学环节,减少理论教学时数。有些院校还推行"主辅修制",允许学生跨系、跨专业选课;对一些优秀学生制订单独的教学计划,允许提前毕业,优先分配;还有部分高校举办不同形式的少年班,让一些优秀少年提前进入大学深造。尤其值得注意的是一些高校改革了原先的"学年"概念,把一学年分成长短不一的 3 个学期(又称"三学期制")。清华大学从 1985 年开始,将一个学年分成 3 个学期,其中 2 个为长学期(春季学期和秋季学期),时间均为 18 周,一个为短学期,时间为 6 周。短学期的主要任务是安排诸如实习、大型实验、劳动等实践性较强的教学活动。同年,厦门大学、上海工业大学等高校也相继实行"三学期制"。

1986 年 7 月底,国家教委有关司局在哈尔滨召开了部分高校试行学分制的工作座谈会。会上初步总结了学分制试点的一些经验,例如,学校的领导和教师对试行学分制的意义、步骤、方法等要取得一致的认识;学校要开设一定数量与质量的选修课程以供学生选修;制订出一套符合学分制要求的具有弹性的教学计划;学校要具备一定规模的图书设备以及一定容量的教室;必须形成一套与学分制相适应的教学与管理的规章制度;等等。由于学分制的改革是一项系统性较强的工程,虽然这项改革已在部分高校取得了较大的成功,但尚不具备全面实行的条件。

3.以点带面,进行重点学科的建设

重点学科建设是 20 世纪 80 年代中期以来我国高等学校的重大建设项目。这一具有中国特色的举措经过十几年的努力,取得了明显的成

就,对我国高等教育的发展已经产生并将继续产生重要而又深远的影响。

关于对重点学科进行重点扶持、重点投入的意见,同样见诸《中共中央关于教育体制改革的决定》(简称《决定》)。《决定》指出:"为了增强科学研究的能力,培养高质量的专门人才,要改进和完善研究生培养制度,并且根据同行评论、择优扶植的原则,有计划地建设一批重点学科。重点学科比较集中的学校,将自然形成既是教育中心,又是科学研究的中心。"

根据《决定》的这一指示,国家教委在经过近一年的准备后,于1987年2月4日发出了《关于在试点学科中进行评选高等学校重点学科申报工作的通知》,参加首批试点的一级学科共有4个:经济学、化学、电子学与通信、动力机械及工程热物理。在同年8月12日,国家教委又发出《关于做好高等学校重点学科申报工作的通知》,决定在哲学、法学、教育学(不含体育学)、文学(不含艺术学)、历史学、理学、工学(不含林业工程)等学科门类中继续进行评选重点学科的工作,同时明确指出:重点学科的建设是"根据国家四化建设对培养高级专门人才的需求、科技发展的趋势和国家财力的可能,综合考虑后确定。重点学科的门类要比较齐全,科类结构比例和布局应力求合理,要有利于促进学科间的横向联合,逐步形成高校的科研优势"。此后,国家教委先后会同农牧渔业部发出《关于做好高等农业院校评选重点学科试点工作的通知》(1987年),会同卫生部发出《关于医学门类开展评选重点学科试点工作的通知》(1987年),会同农牧渔业部、林业部发出《关于做好高等农林院校重点学科申报工作的通知》(1988年),等等。

上述通知下达后,共有167所高等学校的1 184个博士点申报了重点学科点。经过105个通讯评选小组总共1 063位专家的通讯评选、47个学科组203位专家的小组评议,最后报请国家教委审核批准,107所高等学校的416个博士点被评为重点学科点。在这些重点学科点中,文科占78个

（18.75％），理科占 86 个（20.67％），工科占 163 个（39.18％），农科占 36 个（8.65％），医科占 53 个（12.74％）。国家教委要求这些被列为重点学科的点所在的学校要争取花 5 年的时间把它们建设成"国内一流、在国际上有一定影响的学科点"。为了支持这些重点学科点的建设，国家教委先后发出了《关于下达教委直属高等学校部分重点学科补助经费的通知》（1990年）、《关于下达国务院各有关部委所属院校部分高等学校重点学科点补助经费的通知》（1990 年）、《关于下达中央民族学院、中国政法大学两所高等学校重点学科补助经费的通知》（1990 年）、《关于下达国务院有关部委所属院校部分高等学校重点学科点补助经费的通知》（1991 年）等，从高等学校博士点科研基金、教育事业费、科研事业费和文科"七五"科研费中筹措了 1 100 万人民币来支持高等学校重点学科的建设；此外还利用世界银行贷款第二个大学项目的余款约 1 300 万美元追加于重点学科点的经费之中。1990 年 11 月 5 日，国家计委发出《关于世界银行贷款重点学科发展项目可行性研究报告批复》，同意"在 48 所高校和 20 个中科院的研究所建立 74 个国家重点实验室和 58 个专业实验室"，该项目的总投资为 8.8 亿人民币（含世界银行 1.2 亿美元的贷款）。

4.研究生教育和留学生教育

新中国的研究生教育从 1950 年中国人民大学、哈尔滨工业大学在苏联专家的帮助下培养一、二年制的研究生开始；1956 年，部分高等学校依照苏联的模式招收四年制的副博士研究生（次年又取消"副博士研究生"称谓，一律改称为"研究生"）；从 1959 年开始，我国有计划地并且规模化地依靠自己的力量培养研究生。但在研究生教育发展的同时，也出现了一些问题，主要是生源质量没有得到充分的保证，部分高校的导师力量和科研基础也不具备应有的条件，等等。1962 年教育部发出《关于在校研究生的培养和调整工作的通知》，1963 年教育部又颁发《高等学校培养研究生工作暂行条例（草案）》，对研究生的培养目标、招生工作、培养工作、领导与管理、待遇与工作分配等作了全面而又具体的规定。

1978年,中断多年的研究生招生得以恢复,全国共有210所高等学校、162所科研机构招收研究生10 708人。1981年11月23日,教育部发出通知,决定招收首批攻读博士学位的研究生。于是,我国高层次人才的培养进入了一个新的发展阶段,研究生教育也步入了欣欣向荣的历史时期。1984年,在研究生教育迅速发展的形势下,部分重点大学试办研究生院,我国的研究生教育开始尝试与国际接轨。首批试办的有22所重点大学。1985年,我国开始试办博士后科研流动站,同年7月17日成立了以国家科委副主任朱丽兰为主任的博士后管理委员会,并且在73个单位建立了首批102个博士后流动站。

与此同时,我国也加快学位制度的建立与完善。1980年2月12日,五届全国人大通过了《中华人民共和国学位条例》,于1981年1月1日起施行;1980年12月15日在京举行了国务院学位委员会第一次(扩大)会议,审议通过了《中华人民共和国学位条例暂行实施办法》。该学位委员会从1981年年初开始组织了首批博士和硕士学位授予单位的审核工作。到1990年年底,全国共有博士学位授予单位248个,博士学位授权专业点2 100多个,博士研究生导师5 300多位;硕士学位授予单位586个,硕士学位授权专业点7 400多个。

10多年来,我国研究生教育已取得长足的发展,不仅培养了大批高层次的专门人才,而且初步形成了一个相对合理的研究生教育的布局与结构。据统计,到1994年年底为止,我国共授予博士学位17 799人,硕士学位284 917人。

留学生教育的发展也是我国高等学校改革开放的一个重要标志。建国以后到1990年,我国政府共派出留学生45 683人(不包括部门、地方组织派出的人数),其中,1950～1976年只派出11 695人,占总数的26%。也就是说,1977～1990年14年间我国政府派出的留学生数接近建国后27年之总和的3倍。与此同时,我国接受外国来华留学的人数也在大幅度地增加。从1950年我国开始接受来自东欧5个社会主义国家的35位留学生以来直到1990年,共有22 205位外国学生来华留学,其中,1950～1976 年有 8 917 人,占总数的 40%。也就是说,从 1977～1990 年 14 年间我国接受外国留学生数已超过此前 27 年的总和。

(二)科研

1.高校的科研体制

1979 年 1 月 4 日,国家科委、教育部和农林部在北京联合召开全国高等学校科学研究工作会议,讨论如何把高等学校办成既是教育中心又是科学研究中心的问题。此后,教育部明确要求把一批重点高等学校办成教育与科研两个中心。1985 年 3 月 13 日中共中央颁发的《关于科学技术体制改革的决定》,强调改革的根本目的是"使科学技术成果迅速地广泛地应用于生产,使科学技术人员的作用得到充分发挥,大大解放科学技术生产力,促进经济和社会的发展"。《中共中央关于教育体制改革的决定》(简称《决定》)发布后,为了响应《决定》关于"使高等学校在发展科学技术方面作出更大的贡献"的号召,国家教委于 1985 年 12 月 30 日颁发了《关于高等学校科学技术工作贯彻中共中央科学技术、教育体制改革决定的意见(试行)》(简称《意见》),试行了一年以后,又将该试行《意见》作了补充,修订为《关于改革高等学校科学技术工作的意见》。《意见》明确规定"高等学校肩负着培养高级专门人才和发展科学技术、文化两项重大任务",并且分成 9 个方面对高等学校的科学技术工作提出了改革意见:①"积极主动地担负起发展科学技术文化的重大任务";②"进一步贯彻经济建设的方针";③"加强横向联系,促进教育、科研、生产(社会应用)三结合";④"改革科学技术拨款制度和经费管理办法";⑤"有计划地建设一批重点学科";⑥"逐步建立一批开放型研究实验室和工程研究中心";⑦"改善科学研究的组织结构和人员配置";⑧"加强科学技术队伍建设";⑨"加强宏观管理和指导"等。

《意见》发布后,各地高校,尤其是理工类高校根据国家教委的统一布置,对研究机构作了较大的调整,重新确定研究机构的性质、任务,进一步明确为社会主义四化建设服务的基本要求。经过几年的实践之后，国家教委又于 1988 年 9 月 7 日颁发《国家教育委员会直属高等学校科学技术研究机构管理办法》，对高等学校研究机构的性质与任务作了规定，将其定位于"以进行科学研究为主，同时承担教学工作"、"实行专职、兼职相结合"这样一种模式，同时对研究机构的设置、合作举办（与科研机构、产业部门、地方政府、企事业单位等）研究机构的原则、研究机构的管理体制和物质条件等都作出具体的规定。

为了适应我国高等学校科研工作迅速发展的形势，更好地对高校的科研工作进行宏观指导，1987 年国家教委成立了"国家教育委员会科学技术委员会"这一指导高等学校科学技术工作的高级咨询机构。根据同时制定的《国家教育委员会科学技术委员会章程》，该委员会的任务是：①对高等学校在科学技术工作中贯彻中央关于经济、科技、教育方面的重大决定以及拟议中的有关方针、政策进行研究，提出建议。②研究国内外科学技术及经济、社会发展动向，提出对我国高等学校科学技术发展战略的建议和报告。对高等学校科学技术事业发展的中、长期规划及有关重大措施提出咨询意见。③受国家教委委托，代表国家教委参与有关制订我国科学技术发展方针、政策、规划、重大措施等活动。④促进高等学校在承担国家重大科学技术任务方面的校际协作，促进高等学校与其他部门的合作联系，促进国内外学术合作与交流。⑤对我国科技人才的培养和高等学校教学、科研队伍建设中的重大问题进行研究，提出建议。1987 年成立的国家教委第一届科学技术委员会共由 57 名委员组成，分成 23 个学科组，分别承担本学科领域的咨询任务。

2.高等学校的科研机构、人员与经费

在新中国成立以后相当长一段时期内，高等学校内设立的科研机构无论是规模还是数量都很不尽如人意。例如，到 1957 年上半年，高等学校与科学院合作建立的研究机构仅有 15 家，与产业部门合作建立的研究机构为 31 家。

十一届三中全会以后,教育部对部属高等学校建立的研究机构进行了摸底调查与清理工作,在此基础上于1983年5月正式批准122所高等学校内设立研究机构,次年12月又批准新建了28个。此后,高等学校的科研机构与科研人员的发展速度很快,到1989年,全国高等学校在理、工、农、医学科领域总共已建立了1 739个研究机构,拥有科技人员达39 400人(平均每个研究机构22.7人),占高等学校研究人员总数的20%,占全国研究人员总数的32.2%。研究机构中有正、副教授10 606人,研究生17 863人,平均每个正、副教授指导研究生1.7人。①

进入20世纪90年代,高等学校的研究机构出现了一个新的特点,在数量上的大规模发展已为结构合理化与质量的提高所取代。表5.10和表5.11是1995年高等学校有关研究机构的情况。

表 5.10　1995年高等学校研究与发展人员及经费

学科分类		研究与发展人员(人)			收入总额(万元)	支出总额(万元)
		合计	科学家和工程师	其他技术人员		
理、工、农、医学科领域	合计	237 389	223 975	13 414	331 215	287 652
	自然科学	46 964	45 193	1 771	—	—
	工程科学	107 638	101 496	6 142	—	—
	医学	63 288	59 014	4 274	—	—
	农学	19 499	18 272	1 227	—	—
人文、社会科学领域		63 951	63 000	951	17 350	14 406
总计		301 340	286 975	14 365	348 565	302 058

注:高等学校中研究与发展人员是指本年度从事研究与发展工作时间占本人教学、科研工作时间10%以上的人员。

资料来源:国家统计局编:《中国统计年鉴(1996)》,中国统计出版社1996年版,第669页。

---

① 刘英杰主编:《中国教育大事典(下)》,浙江教育出版社1993年版,第1329页。

表 5.11　1995 年高等学校理、工、农、医学科研究与发展机构及人员

学科分类	结构(个)	研究与发展人员(人)		
		合计	科学家和工程师	其他技术人员
自然科学	229	4 882	4 676	206
工程科学	796	16 691	15 429	1 262
医学	489	6 785	6 397	388
农学	251	3 023	2 774	249
合计	1 765	31 381	29 276	2 105

注:研究与发展机构中的研究与发展人员是高等学校研究与发展人员的一部分,均已折合为全时人员,即本年度从事研究与发展工作时间占本人教学、科研工作总时间 90% 以上的人员。

资料来源:国家统计局编:《中国统计年鉴(1996)》,中国统计出版社 1996 年版,第 669 页。

随着高等学校科学研究事业的发展,高校科研经费无论是在总量上还是在结构上都出现很大的变化。20 世纪 80 年代中期以来,高校科研体制不断地在进行改革,高校科研人员的积极性被充分地调动起来,不仅从国内外各种基金中申请到科研资助,而且通过承担政府、企事业单位委托的科学研究项目使科研经费获得大幅度的增长。据统计,到 1989 年,全国高校从各种渠道获得的科研经费已达 11.46 亿元。其中,主管部门拨入的教育(科研)事业费为 1.21 亿元(占总经费的 10.56%),科研专项经费为 2.04 亿元(占 17.80%),接受其他政府部门、企事业单位委托课题而获得的研究经费为 8.21 亿元(占 71.64%)。在 1989 年,科技经费超过 1 000万元的高校达 28 所。据 1995 年的统计,高校科技经费已达到 47 亿元,其中中央政府各类科技计划为 5 亿元,地方政府或部门科技计划为 15 亿元,其余部分主要是通过承担企事业单位任务而获得的。高校各种科技经费总数已占全国科技总经费的 5%。事实上,国家对高校科研经费的直接投入量增加并不显著,高校科研经费的迅速增长主要是借助于预算外的渠道。1985 年全国高等学校预算外的经费为 3.56 亿元,但到

了 1989 年就猛增至 8.21 亿元;预算外经费占高校科技总经费的比例也从 1985 年的 59.4%提高到 1989 年的 71.7%。据对国家教委直属院校 1982～1989 年预算外经费增长情况的一个调查,预算外科技经费占总经费的比例,工科院校从 58.6%提高到 88.3%,综合性大学从 40.0%提高到 79.1%,师范院校从 35.9%提高到 74.0%。[①] 预算外科研经费的大幅度增长,既表明了在改革不断深化的过程中中国高校科研体制的"造血"功能大大加强了,也表明高校科研对社会的适应性与贡献都在大大增加。

我国高等学校科学研究的一个重要组成部分是设立于高校内的一批国家重点实验室和国家工程(技术)研究中心。它们与国家重点学科一起,组成中国高校 3 支强大的科研生力军。

建立国家重点实验室的设想,最早见诸 1983 年教育部的《科技规划汇报提纲》,1984 年国家计委正式决定在全国有计划地建设一批开放型的国家重点实验室,并于当年开建 10 个,其中包括 5 所教育部直属高校的 5 个重点实验室,总投资额为 2 540 万元(含外汇额 680 万美元)。在《中共中央关于科技体制改革的决定》和《中共中央关于教育体制改革的决定》颁布后,国家计委又于 1985 年在高等学校系统内开建了 7 个国家重点实验室,总投资额为 3 100 万元(含外汇额 720 万美元)。"七五"期间,国家计委在高等学校建设一批高质量的国家重点实验室的步伐大大加快。据统计,从 1986 年起到 1990 年,高校共开建了 28 个重点实验室,其中,1986 年开建 5 个,1987 年开建 8 个,1988 年开建 8 个,1989 年开建 4 个,1990 年开建 3 个。到 1990 年年底,高等学校内建立的国家重点实

---

① 参见刘英杰主编:《中国教育大事典(下)》,浙江教育出版社 1993 年版,第 1414 页。

验室已达 40 个,通过国家验收合格后开放的实验室有 23 个。^① 为了加强对高等学校国家重点实验室的管理,有关部门先后制订了一些法规性的文件,如国家计委颁发的《国家重点实验室建设管理办法》(1987 年)、国家科委颁发的《重点开放实验室运行费补助管理办法》(1989)等。

国家工程研究中心的建设始于 20 世纪 80 年代后期。1987 年,国家教委在《关于改革高等学校科学技术工作的意见》中要求高等学校"在应用研究与技术开发方面,逐步形成一批与产业界密切联系或结合的、以开展基础工程科学研究和综合性技术开发与试验为重点的工程研究中心"。为此,经国家教委批准,在 1988 年年底～1989 年 11 月,大连理工大学、西安交通大学、成都科技大学、浙江大学等 4 所高校开始试办国家工程研究中心。截止到 1995 年,在高校中已建或在建的国家工程研究中心有 19 个,国家工程技术中心有 8 个。与此同时,一些部委和省、市也创办或试办了一批工程(技术)中心。国家工程研究中心侧重于研究基础性技术、共性技术和导向性技术等与国民经济发展息息相关的重要技术领域,其研究成果的应用性较强,应用面较宽。

为了鼓励高校从事高质量的科学研究,尤其是鼓励高校青年教师积极从事科研工作,政府、高校以及社会各界作出了各种努力,设立多种科研基金,对高校的科研给予有效的资助。目前,比较有影响的并且规范化的高校科研基金有 3 个:

"高等学校博士学科点专项科研基金"。该基金于 1985 年正式设立,基金办公室设在国家教委科技管理中心,办公室下设理工科、农科、医科和文科 4 个归口部门,负责相关高校的基金项目申请、评审和管理。基金

---

① 参见刘英杰主编:《中国教育大事典(下)》,浙江教育出版社 1993 年版,第 1332～1333 页。

项目申请每年受理一次,申请对象是中央有关部委所属的88所重点高等学校的博士生指导教师、博士学科点上的正教授及博士学科点上科研成绩突出的副教授,受理时间为每年的 3 月 1 日~31 日。该基金从 1987 年归口由国家教委科技管理中心管理以来到 1990 年这 4 年中,共资助了 3 271 项课题研究,总资助额为近 9000 万元人民币,项目平均资助强度为 2.7 万元。其中,资助理工科类课题 1 823 项,项目平均资助强度为 3.19 万元;资助农科类误题 288 项,项目平均资助强度为 2.38 万元;资助医科类课题 371 项,项目平均资助强度为 3.06 万元;资助军事类课题 247 项,项目平均资助强度为 2.78 万元;资助文科类课题 542 项,项目平均资助强度为 1.05 万元。所有资助项目的种类,以自然科学为例,基础研究有 1 390 项(占总项目数的 50.9%),应用研究有 1 217 项(占 44.6%),开发研究有 122 项(占 4.5%)。

"霍英东教育基金会"。该基金会由香港企业家霍英东捐赠 10 亿港元设立,从 1987 年 10 月 1 日起建立"青年教师基金"和"青年教师奖",每两年(每逢单年)受理一次,受理时间是单年的 1 月 1 日~3 月 11 日,申请范围为 177 所设有博士学科点的高等学校,资助除军事学科外的所有学科。基金会办公室设在国家教委港澳台办公室内,基金项目的评审及管理由国家教委科技管理中心基金处负责。其中,"青年教师基金"专门用于资助国内高校教师(或即将回国任教)中年龄在 35 岁以下成绩显著的博士学位获得者所申请的科研课题。根据第一届(1987 年)和第二届(1989 年)资助的基金情况来看,共有 146 所高校的 650 位青年教师的科研项目申请了该基金,获准资助项目为 121 项,获准率为 18.62%;项目最高资助额为 2 万美元,最低资助额为 0.5 万美元,项目平均资助强度为 1.56 万美元。该基金项目研究的期限以 3 年为限。

"资助优秀年轻教师基金委员会"。该基金会每年由财政部拨出600万元（含40％外汇额度）设立，由国家教委负责管理。从1987年开始，每年一次受理基金申请。主要资助在国内高校工作的年龄在不超过40岁的教师（主要是优秀回国留学人员）所进行的具有重大学术或应用价值的科研课题。基金项目的评审程序为：先由国家教委科技管理中心组织通讯评审，科技管理中心根据评审意见提出资助方案，最后由国家教委"资助优秀年轻教师基金委员会"审批。从1987年到1989年3年的资助情况来看，在符合基金申请要求的742个项目中择优批准资助了247项，获准率为33％。在获得资助的项目负责人中，40岁以下的共139人，占总数的56.3％；留学回国的共183人，占74.1％。目前，这一基金的资助面越来越大。在1996年，该基金共资助青年教师131人，其中正常资助104人，联合资助12人，有偿资助15人，受资助者全部是留学归国人员。

高校科研工作的欣欣向荣，不仅极大地推动了高等学校教学工作，而且也使高校成为我国科技工作的一个重要基地，为我国科学事业的发展作出了巨大的贡献。例如，在"攀登计划"中，高校承担的课题约占总数的30％；在高技术"863"计划的5大领域中，高校承担的专题占49％；高校承担了国家自然科学基金课题总数的67％（其中重大项目占了39％）、国家社会科学规划和基金项目总数的60％以上。在"八五"期间，全国高校共发表学术论文83.6万篇，其中在国外发表7.6万篇；完成专著2.4万部；鉴定技术成果4.3万项；授权专利近6 000件。"八五"期间高校共获国家自然科学奖88项，占颁奖总数的50％左右；获国家发明奖274项，占颁奖总数的1/3左右，获国家科技进步奖550项，占颁奖总数的25％左右。

五、中国高等教育的发展前景

经过"十一五"期间的艰苦奋斗,我国高等教育无论在数量上还是在质量上都取得了很大的发展,形成了一定的规模与比较稳定的体系。因而,"十二五"期间,我国高等教育事业发展的总目标是适度发展高等教育,优化高教结构,努力提高教育质量和办学效益,形成具有中国特色的社会主义高等教育体系的基本框架。

(一)办学权力自主化

我国高等教育管理体制改革已经取得了阶段性的成果,本着"共建、调整、合作、合并"的原则,全国多所高校改为由中央和地方共建、以地方为主的管理,初步建立起了中央和省两级政府管理的体制,国家各部委原则上不再办学。政府由对学校的直接行政管理,转变为运用立法、规划、拨款、信息服务、政策指导和必要的行政手段等进行宏观管理,确立和落实学校面向社会自主办学的法人实体地位。相应的高校内部管理体制改革也在进一步深化,办学活力和主动适应社会的能力不断增强。高校办学权力自主化突出地体现在内部财务管理、用人制度等2个方面。

1.高校内部财务管理

随着社会资金进入高等教育领域,高校的经费更多地来源于社会团体和个人投资,因此高校在经费的使用上向国家直接负责的方式将会发生变化,还必须向除国家外的投资主体负责。我国有部分高校已经在尝试建立现代大学制度,与传统的大学制度相比,其最大的特点就是成立学校董事会,负责筹集办学经费,校长向董事会负责。学校办学经费的使用权也由校董事会负责,不必层层上报,这样高校财务管理的自主权将进一步扩大。

2.高校人事制度

高校的制度一直在困扰着高校管理人员和广大教职工,由于长期以来计划体制的影响,高校没有较大的用人自主权。但是各个高校都在积极开展人事制度的改革,以便建立起有利于发掘和鼓励人才的用人机制。改变过去统得过死的人事制度,允许人才自由流动,一方面可以使教师本身的潜力和才能得到更为有效的发挥,有利于教师个体的发展;另一方面可以促使高校创造更为有利于人才成长的环境和条件,以吸引人才。从整体上来讲,高校用人制度的改革,可以使教师资源在更大范围内实现优化配置。

(二)办学形式多样化

随着学习化时代的到来,人们对高等教育的需求将向多样化的方向发展。不但适龄人口即18~22岁的人需要接受适合自己的高等教育,已经参加工作的成人也需要接受适合其实际需要的、各种各样形式灵活的高等教育。为了满足各个年龄阶段和不同职业的人对高等教育的需求,我国已经开展了多种形式的高等教育,比如:普通高等教育、成人教育、高等职业教育、自学考试和各种短期的在职培训等。

1.学历教育与非学历高等教育逐渐融合

以前由于办学条件的制约,我国的非学历高等教育一直得不到应有的重视,同时由于认识上的偏见,导致其办学规模小、质量低,影响着非学历高等教育的发展。随着社会的迅速发展,以及人们生活节奏的加快,面向在职人员的各种形式的非学历教育将成为一种必需,而不仅仅是学历教育的一种有益的补充。

高校面向社会自主办学,主要是指高校要适应社会发展的需要,培养出适应社会发展的人才,间接为社会服务,推出高水平的科研成果直接为社会经济发展服务。由于社会需求的多样性和多变性,要求高校的专业设置、课程体系的设计、人才培养的模式、人才的培养规格也必须多样化,并且能够随着社会需求的变化而作及时的调整。这就从客观上要求高校必须拥有较大的办学自主权,才能更好地适应社会发展的需要。

这意味着,高等学历教育也将为了满足社会各阶层对高等教育的多样需求,而进行相应的改革,将会本着"宽进严出"的原则,逐步放宽招生条件;在学习年限上将打破全日制的模式,向全日制和部分时间制结合的方式转变。学历教育和非学历教育的界限将会越来越模糊,并逐步向相互融合方向发展。

2.各种形式的高等教育将构筑起我国 21 世纪终身教育体系

21 世纪我国将步入学习化社会,学习将会成为每个人的终身需要。终身教育、终身学习的教育思想将成为人们的共识,如何科学、合理地构建具有中国特色的终身教育体系,适应社会发展和满足学习者对高等教育的需求,将是 21 世纪我国高等教育迫切需要解决的重要课题。

随着社会市场经济的进一步发展和产业结构的调整,迫切需要作为市场主体的企业加快科技进步的速度。积极发展高技术产业,这些因素直接导致了社会对科技型、应用型人才的大量需求。发展高等职业教育,培养满足社会经济发展急需的应用型科技人才是时代赋予的历史使命;高等教育自学考试由于其对学习对象的年龄限制较少,形式灵活,尤其是不要求参加自学考试的学生到校学习,不影响学习者个人的日常工作,给予学习者高度的学习自由,因此从一开始实施自学考试,其发展速度就比较迅速。随着知识经济和信息时代的到来,知识和时间将成为最稀缺的资源,人们在不影响工作的情况下要求接受继续高等教育的愿望将更加强烈。将普通高等教育、成人教育、高等职业教育、自学考试等多种形式的高等教育结合在一起,形成一个相互衔接、相互融合的立体式终身教育体系是 21 世纪我国社会和经济发展的需要,同时也是 21 世纪我国高等教育的发展趋势。

(三)管理科学化、民主化

随着我国宏观高等教育管理体制改革的推进,高等学校内部管理体制也必将进一步走向深入。21 世纪高校的管理将由经验管理向科学化管理的方向发展,将由专制管理向民主化管理方向发展。

1.高校内部管理机制

随着现代管理理论与决策科学的发展及其在高校管理当中的应用,我国高校将进一步由过去的以经验管理为主的方式向运用现代管理理论和方法的科学管理为主的方式转变。

现代教育管理理论告诉我们,教育管理的本质是现代管理理论在教育领域的具体应用,教育管理是管理的一个分支。因此高校的管理者应该着重强调教育管理中管理的一面,有意识地将现代管理理论和方法引入高校的实际管理当中,促使高校管理由经验式管理向科学化管理方向转变,以充分利用高校的人力、物力、财力等资源,更有效地实现高校人才培养、科学研究、为社会服务的功能及其近期和长期的发展目标。

2.管理民主化

现代大学在学术与日常事务的管理上享有高度的自由,尤其在学术方面,最早提出并实施学术自由的是德国的冯·洪堡,现代美国高校也基本上继承了这一传统,在大学里面普遍设有教授委员会,其主要任务与使命是对学术方面的事务作决策。现代大学的这一特征,表明了教授在学校事务,尤其是学术事务的管理当中享有很大的自主权力,这也是现代大学管理民主化的具体体现。

随着我国高校管理制度的改革与深入,教授在高校管理尤其是在学术事务的管理中将拥有更大的决策权力,这是现代大学管理的发展趋势,同时也是我国高校管理向民主化方向发展的趋势之一。

现代大学在管理方面的另一个变化,就是在对学生具体事务的管理上,给予学生自己很大的自主管理的权力,制定各种政策鼓励学生自己管理自己(包括学生成立各种社团,设立学生管理机构),大学只是在宏观上给予学生方向性的指导。在这一方面,我国地方高校也在积极行动。具体就是让学生自己参与学校学生事务的管理过程,鼓励学生组织各种社团,成立学生会,管理具体的日常学生事务。学校设有主管学生工作的机构,负责审批学生社团,指导学生会的管理工作,但仅限于在宏观层次上的指导。

从这两个方面来看,我国高校的内部管理体制正在向科学化、民主化的方向发展,21世纪我国高校管理仍将向这一方向发展。

(四)教育、教学网络化

随着信息技术和通信技术的迅速发展以及在教育领域的广泛应用,尤其是在高等教育领域的应用,极大地影响着传统的高等教育模式。高等教育的网络化已经成为社会各界关注的热点,特别是在发达国家,高等教育网络化更是发展神速。

要使远程网络教育更好地发展,并体现其突出的优势,必须加强高校校园网络的建设,并且开发出适合学生认知特点的教学软件;进一步完善远程网络教育的管理,建立科学合理的评价指标体系,以保证网络教育的质量,促使我国的高等教育向着网络化的方向迅速发展,为更多的公民提供高质量的远程网络教育。